Bibliografische Information der Deutschen Nationalbibliothek:

Die Deutsche Nationalbibliothek verzeichnet diese Publikation in der Deutschen Nationalbibliografie; detaillierte bibliografische Daten sind im Internet über http://dnb.d-nb.de abrufbar.

Impressum:

Lektorat: Bettina Breitenberger

Copyright © 2016 ScienceFactory

Ein Imprint der GRIN Verlag GmbH

Druck und Bindung: Books on Demand GmbH, Norderstedt, Germany

Coverbild: Fondo Antiguo de la Biblioteca de la Universidad de Sevilla's photostream @Flickr.com

Liebe, Gewalt und Wahnsinn bei Cervantes

Märchenhaftes Erzählschema und ideales Frauenbild in Cervantes Novellen

Karina Schwach, 2007

Einleitung

Das Thema dieser Arbeit ist die von Cervantes verwendete Erzählstruktur in den Novellen *La Gitanilla* und *La Fuerza de la Sangre* sowie das von ihm dargestellte Frauenbild an den Beispielen von Preciosa und Leocadia.

Im ersten Teil der Arbeit sollen zunächst die Merkmale des Märchenschemas herausgearbeitet und anschließend untersucht werden, inwiefern die beiden Novellen diese aufweisen.

Im zweiten Teil werden die weiblichen Hauptfiguren in *La Gitanilla* und *La Fuerza de la Sangre* vorgestellt. Anhand ihrer äußeren sowie inneren Eigenschaften soll das vorbildhafte Frauenbild, das Cervantes kreiert, dargestellt werden.

Das Resümee fasst die Ergebnisse der untersuchten Gegenstände zusammen.

Die Erzählschemata

Das Märchenschema

In Cervantes Sammlung „Novelas ejemplares" weisen viele Erzählungen märchenhaften Charakter auf. Dem typischen Aufbau eines Märchens folgend, gehen sie von einer initialen Schädigung aus, die am Ende der Geschichte kompensiert wird. Dabei werden die übernatürlichen Elemente des Zaubermärchens eliminiert.

Modernen Märchendefinitionen nach, bilden die Zeitlosigkeit und das Märchenwunder auch nicht mehr die Hauptmerkmale der Gattung. Vielmehr stehen die in ihnen dargestellten Figurenkonstellationen und typischen Handlungsverläufe im Vordergrund. Die Struktur des Märchens beschreibend definiert V. Propp das Märchen folgendermaßen:

> Morphologisch gesehen kann als Zaubermärchen jede Erzählung bezeichnet werden, die sich aus einer Schädigung über entsprechende Zwischenfunktionen zur Hochzeit oder anderen konfliktlösenden Funktionen entwickelt. Den Abschluss bilden manchmal auch Funktionen wie: Belohnung, Erbeutung des gesuchten Objekts oder Liquidierung des Unglücks allgemein usw.[1]

Alle Märchen weisen nach Propp eine einheitliche Struktur und eine ständige Wiederkehr bestimmter Elemente auf. Es sind zum einen die „Funktionen" der handelnden Personen, die in ihrer Anzahl begrenzt sind und zum anderen die Reihenfolge der Ereignisse. Die Funktionen der handelnden Personen, werden nach bestimmten Aktivitäten der Figuren bestimmt. Ein Märchen kann aus maximal 31 Funktionen bestehen. Propp fasst die folgenden Funktionen zusammen, die auf der Analyse eines Corpus von 100 Märchen basieren:

1) <u>Entfernung</u> (Held verlässt das Elternhaus),

2) <u>Verbot</u> (dem Helden wird ein Verbot/ Befehl erteilt),

3) <u>Verletzung des Verbots</u>,

4) <u>Erkundigung</u> (Gegenspieler versucht Auskünfte über sein Opfer einzuziehen),

5) <u>Verrat</u> (Gegenspieler erhält Informationen über sein Opfer),

---

[1] Propp. 1972: S.91 (Anmerkung: die von Propp verwendeten Symbole für die einzelnen Funktionen wurden im Zitat weggelassen.)

6) <u>Betrugsmanöver</u> (Gegenspieler versucht Opfer zu überlisten, um sich seines Besitzes zu bemächtigen),

7) <u>Beihilfe</u> (Opfer fällt auf den Betrug herein und hilft dem Gegenspieler damit unfreiwillig),

8) <u>Schädigung/ Mangel</u> (der böse Gegenspieler fügt einem Familienmitglied einen Schaden oder Verlust zu/ einem Familienmitglied fehlt irgendetwas, es möchte irgendetwas haben),

9) <u>vermittelndes Moment</u> (Unglück oder Wunsch, etwas zu besitzen, werden verkündet; dem Helden wird eine Bitte bzw. ein Befehl übermittelt und man schickt ihn aus oder lässt ihn gehen),

10) <u>einsetzende Gegenhandlung</u> (Held entschließt sich zur Gegenhandlung),

11) <u>Abreise</u> (Held verlässt das Haus),

12) <u>erste Funktion des Schenkers</u> (Held wird auf die Probe gestellt, wodurch der Erwerb des Zaubermittels oder des übernatürlichen Helfers eingeleitet wird),

13) <u>Reaktion des Helden</u> (Reaktion auf die zukünftigen Handlungen des Schenkers),

14) <u>Empfang des Zaubermittels</u> (Held gelangt in den Besitz des Zaubermittels),

15) <u>Reise</u> (Held wird zum Aufenthaltsort des gesuchten Gegenstandes gebracht),

16) <u>Kampf</u> (Held und sein Gegner treten in einen direkten Zweikampf),

17) <u>Markierung</u> (Held wird gekennzeichnet),

18) <u>Sieg</u> (Gegenspieler wird besiegt),

19) <u>Liquidierung, des Schadens oder Mangels,</u>

20) <u>Rückkehr,</u>

21) <u>Verfolgung</u> (Held wird verfolgt),

22) <u>Rettung,</u>

23) <u>unerkannte Ankunft</u> (Der Held gelangt unerkannt nach Hause zurück),

24) <u>unrechtmäßige Ansprüche</u> (jemand anderes gibt sich als Held aus obwohl er es ist nicht),

25) <u>Prüfung/ schwere Aufgabe</u> (beliebtestes Element im Märchen bei dem sich der Held beweisen muss),

26) <u>Lösung der schweren Aufgabe,</u>

27) <u>Wiedererkennung</u> (Erkennung des Helden an einem bestimmten Merkmal: Wunde, Ringlein, etc),

28) <u>Überführung</u> (Gegenspieler/ Schadensstifter wird entlarvt),

29) <u>Transfiguration</u> (der Held erhält ein anderes Aussehen: Kleidung, Stand, etc.),

30) <u>Bestrafung</u> (Bestrafung des Schädlings),

31) <u>Hochzeit und Thronbesteigung</u> (Entschädigung des Helden durch: Hochzeit, Aufstieg in einen besseren Stand, oder Geld).[2]

Da das Märchen eine reine Aktionserzählung ist, deren erzählerische Ausweitung minimal ist, genügt eine derartige Zerlegung, um den gattungsspezifischen Handlungsverlauf herauszuarbeiten. Die hier aufgeführten Funktionen müssen nicht unmittelbar aufeinander folgen. Die meisten Märchen haben weniger als 31 Funktionen, sodass das Fehlen einzelner Funktionen üblich ist und auch die Reihenfolge variieren kann. Die Minimalform des Märchens besteht aus mindestens vier Funktionen. Davon ist eine immer eine Schädigung oder ein Mangelzustand zu dem mindestens zwei Zwischenfunktionen und mindestens eine Schlussfunktion wie z.B. Hochzeit, Liquidierung des Unrechts, Rückkehr oder Bestrafung hinzukommen. Die Zwischenfunktionen bezeichnen dabei meistens die Überwindung eines Hindernisses, das der Wiedergutmachung einer Schädigung entgegensteht. In der Regel geschieht das in Form einer Bewährungsprobe des Helden.

Das Märchenmodell von Propp soll im Weiteren helfen, die Erzählstruktur in *La Gitanilla* und *La fuerza de la Sangre* zu analysieren.

Das Erzählschema in La Gitanilla

Der Erzählung *La Gitanilla* liegt sehr deutlich das Märchenschema zugrunde. Durch den Kindesraub wird Preciosa ein massiver Schaden zugefügt: Das Kind muss ohne seine leiblichen Eltern und seinem Stande nicht gemäß, in einem kriminellen Milieu aufwachsen. Diese Schädigung wird am Ende der Geschichte durch die Wiedervereinigung der Familie und die Hochzeit mit dem reichen Ehrenmann, Don Juan de Cárcamo, überkompensiert.

Der Ausgangspunkt der Erzählung ist die ungleiche Liebe: Preciosa, das vermeintliche Zigeunermädchen, möchte Don Juan de Cárcamo, den jungen Edelmann, heiraten. Erst über eine Vielzahl von Intrigen stellt sich heraus, dass es sich um keine ungleiche Liebe handelt. Der Konflikt der ungleichen Liebe ist in der

---

[2] Propp, 1972: S.31-64

Geschichte notwendig, da es ohne diesen nicht zu der Aufdeckung Preciosas wahrer Identität und der Kompensation des Schadens käme.

Es sind zwar eine Vielzahl von Anspielungen im Text vorhanden, die darauf hinweisen, dass sich hinter dem Zigeunermädchen eine adlige Frau verbirgt, doch wird das Geheimnis erst durch Don Juan/ Andrés aufgeklärt.

Im Prinzip haben wir es in dieser Erzählung mit zwei „Wiedergutmachungen" zu tun.

Zum einen mit der bereits genannten Kompensation des Schadens an Preciosa, zum anderen mit der Entschädigung Don Juans. Nach dem Märchenschema ist bei ihm ein Mangelzustand (Funktion 8) der Grund für seine Handlungen. Der junge Ritter verliebt sich in Preciosa und möchte sie heiraten. Der Wunsch sie zu „besitzen" lenkt seine Aktion. Er entschließt sich dazu, um ihre Hand zu bitten (Funktion 10: einsetzende „Gegenhandlung[3]") und wartet auf sie vor dem Stadttor Madrids. Sein Heiratswunsch (Funktion 9: vermittelndes Moment) wird ihm nicht sofort gewährt, er muss sich erst einer Prüfung (Funktion 25) unterziehen. Don Juan will die harten Bedingungen, die ihm Preciosa als Gegenzug für ihre Einwilligung stellt, erfüllen. Er entschließt sich das Elternhaus zu verlassen (Funktion 11: Abreise), seine eigene Identität aufzugeben und in seiner neuen Rolle als Zigeuner Andrés die schwere Aufgabe zu bewältigen (Funktion 25: Prüfung).

In seinem Anpassungsprozess wird Don Juan mit vielen inneren und äußeren Umständen konfrontiert, die ihm das Einhalten der auferlegten Probezeit erschweren. Zu den inneren Umständen gehören vor allem seine Eifersucht und der Besitzanspruch gegenüber Preciosa, die er zu überwinden lernen muss. Dagegen stellen das plötzliche Auftauchen eines Rivalen und der Verführungsversuch Carduchas mit anschließender Racheaktion die äußeren Umstände dar, die gegen die Vereinigung des jungen Paares einwirken.

Abweichend von dem Märchenschema kommt es zu keinem Kampf zwischen den beiden Verehrern: Der Konflikt löst sich wie von selbst und ganz friedlich auf. Clemente, der Page, räumt das Feld und überlässt Preciosa Andrés ohne jemals Ansprüche auf sie zu erheben. Das Auftreten von Juana Carducha bringt die Vollziehung der Prüfung am meisten in Gefahr. Andrés, der ihr Liebesangebot ablehnt, wird anschließend von ihr aus Rache des Raubes bezichtigt. Die Ohrfeige, die ihm ein Soldat für die vermeintliche Tat gibt, verletzt Don Juans Ehre. Um

---

[3] „Gegenhandlung" im Sinne von einer einsetzenden Handlung die sich „gegen" den vorhandenen Mangel richtet bzw. eine Handlung durch die der Mangel behoben werden kann

diese zu retten, setzt er zur Gegenwehr an und tötet den Soldaten. Da es sich allen Anscheins nach nicht um einen gleichrangigen Kampf handelt, das heißt Ritterehre gegen Ritterehre, geht Andrés nicht als Sieger aus diesem Kampf hervor. Er wird ins Gefängnis gebracht. Die Erfüllung der ihm auferlegten Prüfung scheint aussichtslos.

Ohne weiteres Hinzutun der Helden, wird der Konflikt erneut für sie gelöst. Der „Zufall" will, dass die Stadt, in der das Gerichtsurteil gegen die Zigeuner gesprochen werden soll, der Geburtsort Preciosas und der Stadtrichter ihr Vater ist.

Trotz der Nichteinhaltung der zweijährigen Probezeit, besteht Don Juan die ihm auferlegte Prüfung in dem Sinne, dass er sein Leben für Preciosa aufs Spiel setzt und bereit ist, für sie zu sterben. Er wird jedoch durch das Geständnis der alten Zigeunerin gerettet (Funktion 22). Die Zigeunerin gesteht ihr Verbrechen und legt als Beweis dafür, dass es sich bei Preciosa um die geraubte Constanza handelt, den Schmuck vor, den das kleine Mädchen damals trug. Darauf erkennen der Stadtrichter und seine Frau in Preciosa ihre eigene Tochter wieder (Funktion 27: Wiedererkennung).

Die Gegenspieler, das heißt die alte Zigeunerin und Juana Carducha, werden durch Eigengeständnisse überführt (Funktion 28) und Preciosa sowie Andrés nehmen die ihnen gebührenden wirklichen Rollen ein (Funktion 30: Transfiguration). Der Schaden, den man Preciosa zugefügt hat, wird wieder gutgemacht und Don Juan wird für das auf sich genommene Leid belohnt (Funktion 19). Der Mangel und die Schädigung werden durch die Hochzeit kompensiert, wenn nicht überkompensiert, da Preciosa neben dem hohen Rang zusätzlich einen reichen Edelmann bekommt. (Funktion 31). Die Geschichte spiegelt eine lückenlose Märchenhaftigkeit wider: alle sind glücklich und niemand wird bestraft.

Das Erzählschema in La Fuerza de la Sangre

In *La fuerza de la Sangre* erkennt man ebenfalls das Märchenschema wieder. Im Gegensatz zu *La Gitanilla* liegt die Schädigung der Heldin nicht in der Vorgeschichte, sondern ist das auslösende Moment der Erzählung.

Die Geschichte beginnt mit der Verletzung eines Verbots (Funktion 3): Rodolfo, der ungestüme, kühne Jüngling bricht das Gesetz, indem er eine hilflose und friedliche Familie, die sich nach einem Picknick im Freien auf ihrem Heimweg befindet, überfällt und die Tochter entführt.

Der darauf folgende Vergewaltigungsakt, leitet die <u>Schädigung</u> Leocadias ein (Funktion 8). Nach dem Märchenschema müsste nun die Gegenhandlung einsetzen, die zum Ziel die Kompensation des Schadens hat. Jedoch fällt diese aus. Anstelle der erwarteten Anklage gegen den Täter und dem Versuch, eine Wiedergutmachung für das zugeführte Unrecht zu verlangen, gibt sich die gedemütigte Familie ihrem Schicksal hin und unternimmt nichts gegen den Peiniger der Tochter. Die Furcht der verarmten adligen Familie gegen den reichen Jüngling vor Gericht zu verlieren und damit auch öffentlich die Ehre zu verlieren, lässt sie schweigen.[4]

Doch trotz der ausbleibenden aktiven Handlung gegen den Gegner, lässt sich ein vermittelndes Moment (Funktion 9: <u>Wunsch die Ehre zurückzuerlangen</u>) in der Geschichte ausmachen. So erhebt die geschädigte Familie zwar nicht öffentlich Anklage gegen Rodolfo, aber sie klagt Gott ihr Leid und hofft darauf, dass er ihnen zu ihrem Recht verhilft: *[Dios] fue testigo de tu desgracia, permitirá que haya juez que vuelva por tu justicia.*[5]

Es ist schließlich Leocadias Charakterstärke, die zum guten Ausgang der Geschichte führt. Man kann die Situation, in der sich Leocadia nach der Vergewaltigung befindet, als die im Märchen auftretende <u>schwere Prüfung</u> interpretieren (Funktion 25). Sie ist die passiv leidende Heldin, die die Last des ihr widerfahrenen Unglücks allein tragen und ihre Tugenden sowie den Glauben an das Gute bewahren muss. Die Aufrechterhaltung ihrer Werte und ihrer Hoffnung wandeln Rodolfos „teuflischen Akt" schließlich in „Güte" um.

Der Prozess der Wiedergewinnung der verlorenen Ehre beginnt mit der Geburt des kleinen Luisico. Er ist das Spiegelbild seines Vaters und hilft bei dessen späteren Überführung. Als der kleine Junge nach einem Unfall in das Haus von Leocadias Peiniger gebracht wird, finden zwei <u>Wiedererkennungsmomente</u> statt: Rodolfos Eltern erkennen in Luisico den eigenen Sohn wieder und Leocadia in dem Haus ihrer zukünftigen Schwiegereltern, den Tatort des Verbrechens (Funktion 27).

Nach der Enthüllung des sieben Jahre lang gehüteten Geheimnisses, helfen Rodolfos Eltern das durch den eigenen Sohn begangene Unrecht an Leocadia wieder gutzumachen. Die Wahrheit ihrer Geschichte wird nicht angezweifelt, ihr anmutiges und ehrliches Wesen sowie Luisicos Ähnlichkeit zu seinem Vater und das

---

[4] Der Vater spricht zu Leocadia: "*...hija, que más lastima una onza de deshonra pública que una arroba de infamia secreta*". Cervantes, 1982, Band I: S.156

[5] Cervantes, 1982, Band I: S.74

Kruzifix aus Rodolfos Zimmer, sprechen für sie. Die Aussagen von Rodolfos Freunden, die an jenem Tag der Entführung dabei gewesen waren, bestätigen ebenfalls Leocadias Bericht. Gemeinsam wird der Täter <u>überführt</u> (Funktion 28), jedoch nicht bestraft. Im Gegenteil, er wird sogar belohnt.

Es handelt sich wieder um eine lückenlose Märchenhaftigkeit, in der es für alle Beteiligten, ob gut oder böse, einen glücklichen Ausgang gibt. Das junge Paar wird getraut (Funktion 31) und der Leocadia zugeführte <u>Schaden überkompensiert</u> (Funktion 19): Sie heiratet einen reichen Mann, gewinnt ihre Ehre zurück und kann ihrem Sohn einen Vater geben. Rodolfo nimmt die Rolle des Ehemanns und Vaters ein und Leocadia kann ihre wahre Identität als Mutter des kleinen Luisico annehmen und muss sich nicht mehr als dessen Cousine ausgeben (Funktion 29: <u>Transfiguration</u>).

Beide Geschichten weisen ein Märchenschema auf. Sie gehen von einer Schädigung aus, die am Ende mehr als kompensiert, also überkompensiert wird. Während die Schädigung in *La Gitanilla* in die Vorgeschichte fällt, wird sie in *La fuerza de la Sangre* exzessiv dargestellt. Der Leser wird mit in die Schädigung einbezogen und erlebt, wie Leocadia Entscheidungen treffen muss. Der Schaden ist in dieser Novelle größer und wird *en detaille* dargestellt.

In beiden Erzählungen distanziert sich der Autor ganz deutlich von seinen Figuren. Im Gegensatz zu ihnen kennt er den Anfang und das Ende ihrer Geschichte. Das wird vor allem an den vielen Anspielungen deutlich, die in *La Gitanilla* auf Preciosas adlige Geburt hinweisen und in *La fuerza de la Sangre* nicht nur die Vergewaltigung hervorsagen, sondern auch die Wiederbegegnung Leocadias und Rodolfos ankündigen. In *La Gitanilla* wird das vor allem durch die Betonung von Preciosas Schönheit, Intelligenz und Klugheit deutlich, die schlichtweg nicht vereinbar ist mit einem einfachen Zigeunermädchen.

In *La Fuerza de la Sangre* finden sich die ersten Hinweise auf den Fortgang der Geschichte bei der Gegenüberstellung von Gut und Böse in der ersten Szene. Zwei Gruppen treffen außerhalb der Stadt aufeinander, auf der einen Seite die friedliche und hilflose Familie, auf der anderen die kühnen, leichtlebigen Jünglinge- eine Szene die mit einer Herde von „ovejas" und „lobos" gleichgesetzt wird.[6] Die Situation ist für einen Überfall geradezu ideal, es ist dunkel und die Gruppen befin-

---

[6] *"Encontráronse los dos escuedrones, el de <u>las ovejas</u> con el de <u>los lobos</u>..."* Cervantes, 1982, Band I: S.148

den sich vor den Stadttoren, also außerhalb der „Zivilisation". Weiter weisen Leocadias Einprägen des Ortes, an dem sie vergewaltigt wird und die Mitnahme des Kruzifixes als späteres Beweisstück für Rodolfos Tat auf die Überführung des Übeltäters hin.

Dadurch wirken die Zufälle und Unwahrscheinlichkeiten, die die Handlungen der beiden Novellen steuern, letztendlich konstruiert. Der Leser weiß von Anfang an, dass Preciosa in Wirklichkeit mehr als eine einfache Zigeunerin ist und dass ihre wahre Identität im Verlauf der Geschichte aufgedeckt werden muss. Genauso offensichtlich ist in *La Fuerza de la Sangre*, dass Leocadia zum Unglücksort zurückkehren wird. Zu eindeutig sind die Anspielungen darauf. Nichtsdestotrotz erwartet den Leser eine überraschende Lösung des Konflikts, vor allem in *La Fuerza de la Sangre*. Denn abgesehen davon, dass es in Cervantes Zeit in der Tat als Möglichkeit galt eine Vergewaltigung und die damit verbundene Entehrung des Opfers durch Heirat wieder gutzumachen[7], so sollte diese Lösung den damaligen, geschweige denn den heutigen Leser, entsetzten oder zumindest erstaunen.

---

[7] *"Hay que reconocer que en aquellos siglos...imperaba una gran indulgencia para estos delitos siempre que viniese después , como reparador de la ofensa, el matrimonio religioso."* Amezua Mayo, 1982: S.221

Die weiblichen Hauptfiguren in den beiden Novellen

Sowohl die männlichen als auch die weiblichen Hauptfiguren in Cervantes späteren Werken[8] zeichnen sich vor allem dadurch aus, dass sie erfolgreich im Leben sind. Die Charaktere werden aus ihrem familiären Umfeld herausgenommen und in Situationen gebracht, die für sie lebensbedrohlich werden oder ihre Ehre aufs Spiel setzen. Den Verlust der Ehre können die Figuren jedoch durch die Bewahrung ihrer Hoffnung an Gott, ihrer Tugenden sowie eines eisernen Willens wiedererlangen. Ihr Handeln ist stets darauf ausgerichtet sich von ihrem Leid oder der Entfremdung von der Gesellschaft zu befreien und in die soziale Gesellschaft zu reintegrieren:

> [The characters] rather than running from society, they are shown constantly seeking release from their alienation from it, constantly striving to reintegrate themselves with society. [9]

Die Frauen in Cervantes Stücken sind gekennzeichnet durch ihre Schönheit, Ehrlichkeit, Tugend und Vernunft. Im Folgenden sollen die weiblichen Hauptfiguren in den beiden Erzählungen *La Gitanilla* und *La Fuerza de la Sangre* näher betrachtet und ihre Gemeinsamkeiten sowie Unterschiede herausgearbeitet werden.

Preciosa

Preciosa gilt als eines der gelungensten bzw. nach Amezua Mayo, als <u>das gelungenste Frauenbild</u> in Cervantes schöpferischem Werk:

> Cervantes tuvo la fortuna, el singular acierto de modelar en la protagonista de La Gitanilla <u>la figura más perfecta, lograda y cautivadora de todas las suyas femeninas.</u>[10]

In der Tat verwendet Cervantes sehr viel Kunst und Mühe, um die Hauptfigur in *La Gitanilla* zu einem weiblichen Idol hochzustilisieren. Bereits in dem Namen *Preciosa*, ‚die Kostbare‘, den das vermeintliche Zigeunermädchen trägt, kommt dessen Schönheit und Wert zum Ausdruck. „Wert" auch im finanziellen Sinne,

---

[8] In den Cervantes Novelas Ejemplares gehören *Rinconete y Cortadillo, El celoso extremoso* und *El licenciado Vidriera* zu den früheren Werken und *La Gitanilla, Las dos doncellas, La señora Cornelia, La fuerza de la sangre, El amante liberal* und *La española inglesa* zu den späteren. *El casamiento engañoso* und *El coloquio de los perros* liegen dazwischen. (Chronologische Einteilung nach ElSaffar, 1974: vii)

[9] ElSaffar, 1974: S. 17

[10] Amezua Mayo, 1982: S.14

denn mit ihrer „kostbaren" Schönheit bringt sie auch viel Geld ein. Zudem erinnert der Name *Preciosa* auch an die *piedras preciosas* also Edelsteine.

Zu der natürlichen Schönheit kommen Preciosas Tanz- und Gesangbegabung hinzu. Die beherrschten, anmutenden und graziösen Bewegungen beim Tanzen und die natürliche Schönheit vereint, verleihen ihr das Bild eines „geschliffenen Diamanten".

Obwohl Preciosa unter den Zigeunern aufwächst, also in einem kriminellen Milieu, in dem sie alle Zigeunerstreiche, Gaunereien und Diebeskünste lernt, hebt sie sich deutlich von ihnen ab. Cervantes macht sie zu einer ganz besonderen Figur, indem er sie mit allen erdenklichen Tugenden und Gaben ausstattet: sie ist sehr *inteligente, discreta, ingenúa, prudente, honesta* und *limpia*, sie hat einen wunderschönen, jungen Körper und ist darüber hinaus *la más única bailadora*.[11] Kurz, sie ist vollkommen und ohne jeglichen Makel und das trotz der rauen Erziehung der Zigeuner und des Vagabundenlebens:

> Ni los soles, ni los aires, ni todas las inclemencias del cielo a quien más que a otras gentes están sujetos los gitanos, pudieron deslustrar su rostro ni curtir las manos; y lo que es más, que <u>la crianza tosca en que se criaba no descubría en ella sino ser nacida de mayores prendas que de gitana,</u> porque era en extremo <u>cortés</u> y <u>bien razonada</u>. Y con todo esto, era algo <u>desenvuelta; pero no de modo que descubriese algún género de deshonestidad</u>; antes, con ser <u>aguda</u>, era tan <u>honesta</u>, que en su presencia no osaba alguna gitana, vieja ni moza, cantar cantares lascivos ni decir palabras no buenas.[12]

Wo immer Preciosa auftritt, sind die Menschen um sie herum fasziniert von ihrer Schönheit, von ihrem Gesang und von ihrer Tanzkunst. Sie versammeln sich in Scharen, um sie zu sehen und rufen begeistert *¡Díos te bendiga, la muchacha!* oder *¡Lástima es que esta mozuela sea gitana! En verdad que <u>merecía ser hija de un gran señor</u>.*[13]

Es sind die bereits erwähnten Anspielungen darauf, dass Preciosa in Wahrheit gar keine Zigeunerin ist und nach Meinung der Menschen verdient sie es auch etwas „Besseres" zu sein.

---

[11] Cervantes, 1982, Band I: S.73-74

[12] Cervantes, 1982, Band I: S.74

[13] Cervantes, 1982, Band I: S.77

Preciosa ist sich ihrer eigenen Schönheit und ihrer Wirkung auf die Männer bewusst, es reicht ihr jedoch nicht aus, allein dafür begehrt und umworben zu werden. In ihrer langen Ansprache an Don Juan, in der sie ihm die Bedingungen auferlegt, die er erfüllen muss, um sie heiraten zu können, wird deutlich, dass sie ihn dazu auffordert, mehr in ihr als nur die äußere Schönheit zu sehen. Sie spricht sehr rational und vernünftig von der Liebe:

> "A mí ni me mueven promesas.... ni me espantan finezas enamoradas...Sé que las pasiones amorosas en los recién enamorados son como ímpetus indiscretos que hacen salir a la voluntad de sus quicios;... Si alcanza lo que desea, y quizá abriéndose entonces los ojos del entendimiento, se ve ser bien que se aborrezca lo que antes se adoraba. Este temor engendra en mí un recato tal que ningunas palabras creo y muchas obras dudo." [14]

Auch als eine „einfache" Zigeunerin besteht Preciosa darauf, sich zunächst von der edlen Herkunft ihres Werbers zu überzeugen und erst als all seine Angaben bestätigt sind und Don Juan bereit ist, die von ihr auferlegten Bedingungen zu erfüllen, zeigt sie sich bereit, sein Heiratsangebot anzunehmen. Ihre Vorstellungen von der Liebe und Ehe entsprechen nicht den gewöhnlichen Zigeunersitten, welche beinhalten, dass die Männer ihre Frauen nach Belieben verlassen und gegen Jüngere umtauschen können. Sie sträubt sich ganz bewusst gegen diese Bräuche, die sie *bárbaros* nennt, und weicht nicht von ihrem Willen, dass Don Juan sich ihrer Wünsche unterwerfen muss, wenn er sie heiraten möchte – ganz gleichgültig, was die Zigeunermänner sagen:

> Estos señores bien pueden entregarte mi cuerpo; pero no mi alma, que es libre, y nació libre y ha der ser libre en tanto que yo quisiere.[15]

Preciosa ist eine sehr emanzipierte Frauenfigur, die an die Freiheit des Individuums glaubt und sich weder durch die Eifersucht und den Besitzanspruch Don Juans, noch durch die patriarchischen Sitten der damaligen Zeit beirren lässt.

Die Vernunft und Weisheit mit der sie spricht, verblüffen nicht nur die Menschen, denen sie begegnet, sondern auch ihre ständigen Begleiter. Den Diskurs, den Preciosa über die Eifersucht und das Vertrauen hält, unterbricht die alte Zigeunerin, die das Wissen und die Ausdrucksweise des jungen Mädchens übersteigen:

---

[14] Cervantes, 1982, Band I: S. 99

[15] Cervantes, 1982, Band I: S.121

[Preciosa] ... dices cosas que no las diría un colegial de Salamanca! Tú sabes de amor, tú sabes de celos, tú de confianzas: ¿Cómo es esto, que me tienes loca, y te estoy escuchando como a una persona espirata, que habla latín sin saberlo?[16]

Preciosa zeigt sich in allen Situationen redegewandt, klug und vernünftig. Ihr Verhalten ist einem 15-jährigen Mädchen nicht adäquat. Vor allem in der Situation, in der die zwei Verehrer, Don Juan und der Page Clemente aufeinandertreffen, achtet sie darauf, nicht mit dem Pagen allein zu sein und diesen über ihre Verlobung mit Don Juan zu informieren. In diesem Handeln hebt der Autor nicht nur ihre Ehrlichkeit und Sittsamkeit hervor, sondern auch ihr Verständnis gegenüber Don Juan, dessen Eifersucht und die damit für ihn verbundenen Qualen sie nicht entfachen will. Ihre Vernünftigkeit ist sehr ausschlaggebend für eine reibungslose Auflösung des Eifersuchtskonflikts.

Die Liebe wird in der Geschichte weniger thematisiert. Preciosa verbindet anfangs eine leichte Zuneigung zu Don Juan. Er ist ein sehr attraktiver Ritter, mit gutem Ruf und edler Kleidung. Doch erst die Selbstverleugnung ihr zu Liebe und die Art und Weise wie er sie behandelt führen dazu, dass Preciosa sich allmählich in ihn verliebt: *poco a poco se iba enamorando de la discrcion y buen trato de su amante.*[17]

Preciosa wird von Anfang an als etwas Besonderes dargestellt. Ohne darauf hingearbeitet zu haben, wird sie am Ende der Geschichte für ihre guten Werte belohnt. Das glückliche Ende kann vor allem mit dem Verdienst ihrer Tugendhaftigkeit gerechtfertigt werden.

---

[16] Cervantes, 1982, Band I: S.102

[17] Cervantes, 1982, Band I: S.137

Leocadia

Ganz nach dem Märchenschema, ist auch Leocadia wunderschön und tugendhaft und wie Preciosa zählt sie zu den gelungensten Frauenbildern in Cervantes Werk. Alles an ihr ist *natural, lógico y concertado, prototipo* und *ejemplar precioso de una doncella hidalga y pobre de antaño.*[18]

La *incomparable belleza* de Leocadia, die einem Engel gleicht, ist es, die Rodolfos Begierde entfacht und ihn erst zu seiner schrecklichen Tat inspiriert und später dazu bringt, sie zur Frau zu nehmen:

> la mucha hermosura del rostro que había visto Rodolfo, que era el de Leocadia,...comenzó de tal manera a imprimírselo en la memoria, que, que le llevó tras sí la voluntad y despertó en él un deseo de gozarla a pesar de todos los inconvenientes que sucederle pudiesen.[19]

Nach der Vergewaltigung ist Leocadia schwer traumatisiert, sie fragt sich, ob sie sich im „Limbus ihrer Unschuld oder in der Hölle ihrer Schuld befindet"[20] und als allmählich die Erinnerung daran, was vorgefallen ist, wiederkommt, fleht sie Rodolfo an, sie zu töten. Kurz darauf, bittet sie ihn jedoch darum, sie gehen zu lassen. Der Akt der Vergewaltigung erscheint noch schwerwiegender und grauenvoller, als Leocadia Rodolfo versichert, dass sie ihn nicht wieder erkennen würde, auch nicht an seiner Stimme, da sie bis auf ihren Vater und ihren Priester nie mit einem anderen Mann zuvor gesprochen habe:

> ...hágote saber que, fuera de mi padre y de mi confesor, no he hablado con hombre alguno en mi vida y a pocos he oído hablar con tanta comunicación que pueda distinguirles por el sonido de la habla.[21]

Hier wird, noch mehr als in *La Gitanilla,* die Unberührtheit und Keuschheit des Mädchens hervorgehoben.

Leocadia wird aus ihrem familiären Nest geraubt und in eine unsichere Welt gestoßen, in der sie weder zu ihrer Familie noch zu „ihrem" Mann gehört. Die Ver-

---

[18] Amezúa Mayo, 1982: S.207

[19] Cervantes, 1982, Band I: S.148

[20] *¿A dónde estoy desdicha? Que oscuridad es esta, qué tinieblas me rodean? ¿Estoy en el limbo de mi inocencia o en el infierno de mis culpas?,* Cervantes, 1982, Band II: S. 150

[21] Cervantes, 1982, Band II: S. 152

gewaltigung bewirkt, dass Leocadia ihre Identität verliert. Sie kann nicht die Mutter ihres Kindes sein, das sie trotz allem über alles liebt und muss sich als seine Cousine ausgeben, um nach außen ihre Ehre zu bewahren.

Leocadias Leben ist nach der Vergewaltigung gekennzeichnet durch Dissimulation und Isolation. Sie schämt sich für das, was ihr widerfahren ist und zieht sich ganz zurück in den Schutz ihrer Eltern. Aus Angst, man könnte ihr die genommene Ehre von der Stirn ablesen, traut sich nicht einmal mehr auf die Straße zu gehen:

> Ella gimió y lloró... y se redujó a <u>vivir recogidamente debajo del amparo de sus padres</u>... sin dejar verse de persona alguna, <u>temerosa que su desgracia se la habían de leer en la frente.</u>[22]

Ihre Angst davor, dass ihre Demütigung öffentlich werden und die Ehre ihrer Familie und Verwandten beflecken könnte, zeigt sie bereits, nachdem Rodolfo sie an der Kirche zurücklässt:

> ...has de jurar de no seguirme,... ni preguntarme el nombre de mis padres, ni el mío, ni el de de mis parientes, que a ser tan ricos como nobles, no fueran en mí tan desdichados[23]

Leocadia und ihre Familie bewahren das schreckliche Geheimnis für sich. Da sie die soziale Gerechtigkeit als veramte Adlige in einem Prozess gegen einen reichen Edelmann nicht auf ihrer Seite hätten, bleibt ihnen nur die Hoffnung an Gottes Recht.

Schließlich sind es aber Leocadias Charakterstärke und der Glaube an Gerechtigkeit, die zum „guten" Ausgang der Geschichte führen. Leocadias Ziel ist es, die ihr genommene Ehre zurück zu gewinnen. Sie möchte Rodolfo, ihren Schändiger, aus eben diesen pragmatischen Gründen später heiraten, wenngleich am Ende auch Emotionen hinzukommen.

Verhält sich Leocadia bis zu ihrer Wiederbegegnung mit Rodolfo diszipliniert und rational, so verliert sie die Kontrolle über ihre Affekte in der Endszene. Getragen von dem plötzlichen Begehren, das sie für Rodolfo empfindet und der Widersprüchlichkeit dieser Gefühle, fällt sie in Ohnmacht.

---

[22] Cervantes, 1982, Band II: S. 157

[23] Cervantes, 1982, Band II: S. 152

Der glückliche Ausgang kann in dieser Novelle ebenfalls mit dem Verdienst der Tugendhaftigkeit Leocadias und ihrer Charakterstärke gerechtfertigt werden. In beiden Erzählungen siegt die „Macht des Blutes". Im Gegensatz zu Preciosa arbeitet Leocadia auf dieses glückliche Ende hin, zunächst als passiv leidende Heldin und zuletzt als starke Heldin, die ihre Ehre zurückhaben will und dafür bereit ist, ihren Schinder zu heiraten.

Resümee

Zusammenfassend lässt sich festhalten, dass in den beiden Novellen *La Gitanilla* und *La Fuerza de la Sangre* märchenhafte Schemata adaptiert werden. Beide Geschichten weisen die Funktionen der Schädigung und der Bewährung in einer schweren Prüfung sowie die Funktionen der Wiedererkennung und der Kompensation eines zugefügten Schadens durch Hochzeit auf. Gemein ist ihnen auch, dass die Übeltäter keine Strafe erhalten, sondern begnadigt werden. In *La Fuerza de la Sangre* wird der Vergewaltiger sogar für seine Tat belohnt.

Die jungen Frauen werden beide als ideale Vorbilder präsentiert. Sie sind wunderschön, keusch, sittsam, vernünftig und vor allem sehr willensstark.

Preciosa wird aber, im Gegensatz zu Leocadia, viel emanzipierter und dominanter dargestellt. Letztere ist dagegen passiver und leicht lenkbar.

Das Unglück, das Leocadia widerfährt, wird viel exzessiver und größer als der Schaden in *La Gitanilla* dargestellt. Während Leocadia unter dem Verlust ihrer Ehre sehr leidet, merkt Preciosa bis zur Aufdeckung ihrer wahren Identität nichts von ihrer Schädigung.

Beide Geschichten werden von „der Macht des Blutes" gelenkt, wenngleich die Themen sowie der Aufbau der Handlungen stark voneinander abweichen. So könnten sie beide den Namen „*La Fuerza de la Sangre*" tragen.

Literaturverzeichnis

AMEZÚA MAYO, Agustín G. (1982): Cervantes, creador de la novela corta española: inroducción a la edción crítica y comentada de las Novelas ejemplares. In: Consejo Superior de Investigaciones Científicas, Inst. "Miguel de Cervantes". Reimpr., Band II, S. 5- 41; S. 203-233

CERVANTES, Miguel (1982): Novelas Ejemplares I. Madrid: Castalia. S.71-158

CERVANTES, Miguel (1982): Novelas Ejemplares II. Madrid: Castalia. S.145-172

ELSAFFAR, Ruth (1974): Novel to romance: a study of Cervantes's "Novelas ejemplares". Baltimore: Johns Hopkins Univ. Press.

NOLTING-HAUFF, Ilse (1974): Märchen und Märchenroman. Zur Beziehung zwischen einfacher Form und narrativer Großform in der Literatur. In: *Poetica* 6. S. 129-178.

PROPP, Vladimir (1972): Morphologie des Märchens. München: Carl Hanser Verlag.

Liebe und Sexualität bei Cervantes und María de Zayas

Julien Lietart, 2009

Einleitung

„Warum Männer nicht zuhören und Frauen schlecht einparken". „Männer sind vom Mars, Frauen von der Venus". Solche „pseudo-wissenschaftlichen Schriften" erreichen in der heutigen Gesellschaft problemlos die Bestsellerlisten. Meine Absicht ist es nicht, diese Bücher in irgendeiner Weise zu analysieren. Ihre Erwähnung in dieser Einleitung zeigt lediglich, dass Männer und Frauen anders denken. Dies scheint zumindest die herrschende Meinung der westlichen Welt zu sein. In dieser Arbeit befasse ich mich mit der Frage, ob die Liebe und die Sexualität im Spanien des 17. Jahrhunderts von einer Frau anders wahrgenommen wird, als von einem Mann. Um diese Frage beantworten zu können, stütze ich mich auf einen Vergleich zwischen zwei Autoren aus dieser Epoche.

Miguel de Cervantes Saavedra bedarf es keiner großen Vorstellung mehr. Durch seinen Roman *el ingenioso hidalgo Don Quijote de la Mancha* erreichte er die Unsterblichkeit. Sein Name ist heute noch synonym für Kultur und Literatur. In aller Welt stehen die Cervantes-Institute für die Verbreitung der spanischen Kultur. Sein Porträt schmückt die spanischen 10-, 20- und 50-Eurocent-Münzen. Die größte Online-Bibliothek über die spanische Literatur trägt ebenfalls seinen Namen.

Der *Don Quijote* ist allerdings nicht das einzige von ihm verfasste Werk. Das Thema dieser Arbeit ist zum Teil seine etwas weniger bekannte Novellensammlung, die 1613 erschien: die *novelas ejemplares*. In 12 Kurzgeschichten, die meistens die Liebe thematisieren, portraitiert er mit viel Ironie die Gesellschaft seiner Zeit. Obwohl der Titel schon darauf hinweist, dass diese Geschichten ‚exemplarisch' seien (und dementsprechend eine gewisse Moralvorstellung verteidigen), vertritt diese Arbeit die These, dass Cervantes Strategien anwendet, um als unmoralisch geltende Aspekte der Gesellschaft darzustellen, vor allem wenn es um die Sexualität geht.

1637, also vierundzwanzig Jahre nach der Veröffentlichung der *novelas ejemplares* erschien die erste Novellensammlung von María de Zayas: *novelas amorosas y ejemplares*. Es ist sehr wenig bekannt über diese Autorin des 17. Jahrhundert, außer dass sie zu den wenigen schreibenden Frauen ihrer Zeit gehörte.

Meiner Meinung nach handelt es sich bei Zayas um eine Neudichtung der Novellen von Cervantes, unter Berücksichtigung ihres eigenen Geschlechts. Diese Theorie wurde schon zum Beispiel von Ursula Jung in ihrem Aufsatz „Novellenerzählen und Geschlecht im Siglo de Oro: María de Zayas' *ré-écriture* der cervantinischen Novelle" vertreten. Dabei interpretiert sie jede einzelne Geschichte als neue Variante einer cervantinischen. Ich glaube jedoch, dass diese *ré-écriture* über die Grenze der einzelnen Novellen hinausgeht. Eine Novelle von Zayas besteht aus verschiedenen Elementen der *novelas ejemplares*. Diese Elemente zu isolieren erlaubt es uns, zwei Auffassungen zum gleichen Motiv kennenzulernen: die der Frau und die des Mannes.

Mit seiner neoplatonisch geprägten Gesellschaft besitzt das 17. Jahrhundert eine Vorstellung der Liebe, die aus der Antike stammt. Wie diese Liebeskonzeption in der Literatur von Zayas und Cervantes dargestellt wird, soll hier näher untersucht werden, unter Berücksichtigung philosophischer und medizinischer Aspekte, von der Antike bis zur frühen Neuzeit.

Das Bild der Frau ist einer der wichtigsten Aspekte, die in dieser Arbeit behandelt werden. Die Gesellschaft ist im 17. Jahrhundert eine sehr patriarchale Gesellschaft, dementsprechend beruht sie auf dem Glauben, dass die Frau im Vergleich zum Manne minderwertig sei. Bei einem Vergleich der Auffassungen eines männlichen und eines weiblichen Autors ist die Frage berechtigt, ob diese sich grundlegend voneinander unterscheiden.

Schließlich sollen zwei weitere Facetten der Sexualität untersucht werden, nämlich die Homosexualität und die Prostitution. Weder das eine noch das andere Phänomen waren in der frühen Neuzeit selten.

Um diese These zu stützen, ist es notwendig Ansätze aus verschiedenen Forschungsrichtungen zu berücksichtigen. Als erstes sollen die Theorien der Intertextualität (insbesondere Genette), sowie der Gender-Studies zusammengefasst werden. Der Bezug eines Textes (*novelas amorosas*) auf einen anderen (*novelas ejemplares*) ist Hauptgegenstand der Intertextualität. Die Ansätze der Gender-Studies sind in diesem Fall relevant, denn das Geschlecht der Autoren beeinflusst ihre Auffassung der verschiedenen Aspekte von Liebe und Sexualität. Ein weiterer Grundsatz, der zum Beispiel bei der Darstellung des Geschlechtsunterschieds eine wichtige Rolle spielt, ist Lotmans Raumstrukturierungstheorie. Im folgenden Kapitel werden diese unterschiedlichen Theorien vorgestellt und kurz erläutert.

Theoretische Grundlagen

Intertextualität

Was ist Intertextualität?

Das Wort Intertextualität setzt sich aus ‚inter' (zwischen) und ‚Text' zusammen. Die Theorie der Intertextualität ist der Teil der Literaturwissenschaft, der sich mit den Beziehungen zwischen den Texten beschäftigt. Es handelt sich um eine „rezeptionsbezogene Theorie, die in literarischen Texten nach Manifestationen von Vorgängertexten sucht und nach möglichen Lesearten von Texten vor dem Hintergrund von anderen Texten fragt"[24].

Der Terminus wurde 1967 von Julia Kristeva eingeführt, in ihrem Aufsatz *„Bachtin, das Wort, der Dialog und der Roman"*. Obwohl Bachtin den Bezug auf vorexistierende Literatur nicht näher untersucht[25], knüpft Kristeva an seine Theorie der Dialogizität an, um zum Schluss zu kommen:

> Jeder Text baut sich als Mosaik von Zitaten auf, jeder Text ist Absorption und Transformation eines anderen Textes. An die Stelle des Begriffs der Intersubjektivität tritt der Begriff der Intertextualität und die poetische Sprache läßt sich zumindest als eine doppelte lesen.[26]

Die poststrukturalistische Intertextualität

Nach Julia Kristevas Einführung des Begriffes entwickelten sich zwei verschiedene Arten, die Intertextualität zu betrachten. Die poststrukturalistische Intertextualität verfolgt Kristevas Ansätze weiter, die die Intertextualität unabhängig von Produktion und Rezeption betrachten[27]. Es wird angenommen, dass jeder Text ein Teil eines Universaltextes ist, der alle Texte beeinflusst. Bei einer solchen Betrachtungsweise verliert der Autor an Wichtigkeit, denn der kreative Prozess ist nicht länger relevant[28]. Bei einem Textvergleich ist dieser Ansatz jedoch problematisch. Wenn jeder Text ein Teil des Universaltextes ist, kann es keine zwei verschiedenen Texte geben, die zu vergleichen wären.

---

[24] Vgl. Klawitter/Ostheimer (2008) S.93

[25] Vgl. Klawitter/Ostheimer (2008) S.94

[26] Vgl. Kristeva (1972) S.348

[27] Vgl. Leopold (2003) S.89

[28] Vgl. Köppe/Winko (2008) S.128

Die hermeneutisch-strukturalistische Intertextualität

Neben der poststrukturalistischen Intertextualität hat sich auch die hermeneutisch-strukturalistische Intertextualität entwickelt. Sie entstand als Reaktion auf die poststrukturalistischen Ansätze[29] und im Gegensatz zu ihnen ist diese Art der Intertextualität für die Interpretation zweier Texte sehr wohl geeignet, da sie versucht, die Bezüge zwischen den Texten einzeln zu analysieren[30].

Genettes Theorie der Transtextualität

Für Gérard Genette ist die Intertextualität nur ein Teil von dem, was er ‚Transtextualität' nennt. Dabei unterscheidet er fünf transtextuelle Beziehungen. Als eine von ihnen bildet die *intertextualité* die unterste Stufe der transtextuellen Leiter und bezeichnet die effektive Präsenz eines Textes in einem anderen[31]. Hierbei handelt es sich um Zitate, Plagiate oder Anspielungen.

Die *paratextualité* befindet sich eine Stufe höher und betrifft die Präsenz eines Textes im Paratext eines anderen. Mit Paratext ist alles gemeint, was zur Umgebung eines Textes gehört, wie

> [le] titre, sous-titre, intertitres; préfaces, postfaces, avertissements, avant-propos, etc. notes marginales, infrapaginales, terminales; épigraphes ; illustrations ; prière d'insérer, bande, jaquette et bien d'autres types de signaux accessoires, autographes ou allographes , qui procurent au texte un entourage (variable) et parfois un commentaire, officiel ou officieux, dont le lecteur le plus puriste et le moins porté à l'érudition ne peut pas toujours disposer aussi facilement qu'il le voudrait et le prétend.[32]

Die Beziehung, die zwischen zwei Texten besteht, wenn der Text kommentiert wird, nennt Genette *metatextualité*[33]. Dabei ist nicht relevant, ob der Bezugstext namentlich zitiert, erwähnt oder auch nicht genannt wird.[34]

---

[29] Vgl. Köppe/Winko (2008) S.128

[30] Vgl. Klawitter/Ostheimer (2008) S.98ff

[31] Vgl. Klawitter/Ostheimer (2008) S.100

[32] Vgl. Genette (1982) S.9

[33] Vgl. Genette (1982) S.10

[34] Vgl. Klawitter/Ostheimer (2008) S.102

Auf der Ebene der *architextualité*[35] werden die Gattungen verglichen. Seit der Antike wurden Modelle gebildet, die die verschiedenen Gattungen bestimmen. Im Laufe der Jahrhunderte wurden diese Gattungen beibehalten, weil die Künstler ständig die Strukturen, die Formen und die Themen ihrer Vorgänger nachahmten[36]. Die architextuelle Beziehung unterscheidet sich insofern von den anderen transtextuellen Beziehungen, als nicht der Inhalt eines Textes in einem späteren Werk übernommen wird, sondern nur die Form.

Schließlich ist die Rede von *hypertextualité*[37], wenn der spätere Text (Hypertext) von dem früheren (Hypotext) abgeleitet wird. Dies ist zum Beispiel der Fall im Pastiche[38] oder in der Parodie. Der ursprüngliche Text wird umgeschrieben, entweder durch ‚Nachahmung' oder durch ‚Transformation'[39]. Ein klassisches Beispiel, um den Transformationsprozess zu erläutern, ist James Joyce *Ulysses*. Dabei handelt es sich um die Verlegung des homerischen Epos ins Dublin des 20. Jahrhundert. Bei einer hypertextuellen Beziehung braucht der Hypertext den Hypotext, um entstehen zu können.

Zayas Novelle als ré-écriture von Cervantes

Der Titel von María de Zayas Novellensammlung *Novelas Amorosas y ejemplares* ist nicht zufällig gewählt. Durch diesen Titel wird der Bezug auf Cervantes' *Novelas ejemplares* evident. Auf den ersten Blick haben jedoch beide Werke nicht viel gemeinsam: Cervantes verwendet gern die Ironie und meistens haben seine Novellen ein glückliches Ende. Die Heldinnen von Zayas sind hingegen selten glücklich und mit Grausamkeit und Todesfällen wird hier nicht gespart.

Bei einer genaueren Analyse werden die Parallelen sichtbar. Der Bezug auf Cervantes ist bei María de Zayas so eindeutig, dass er kaum geleugnet werden kann. Wenn wir Genettes Theorie anwenden, zeigt sich, dass die beiden Werke auf mehreren Ebenen der transtextuellen Leiter verbunden sind.

---

[35] Vgl. Genette (1982) S.11

[36] Vgl. Leopold (2003) S.96

[37] Vgl. Genette (1982) S.11

[38] *Pastiche* und *Parodie* sind zwei Aspekte der literarischen Karikatur. Bei dem *Pastiche* handelt es sich um die Imitation des Stils eines Autors, während die *Parodie* den Inhalt eines Werkes übernimmt.

[39] Vgl. Klawitter/Ostheimer (2008) S.104

El castigo de la miseria und *el casamiento engañoso.*

Ein intertextueller Vergleich zweier Novellen fängt zwangsläufig mit einem Vergleich der behandelten Themen an. So ist festzustellen, dass es in *el castigo de la miseria* und in *el casamiento engañoso* um einen Mitgiftsbetrug geht. Bei Cervantes heiraten Alférez Campuzano und Doña Estefania. Nach der Hochzeit erfährt Alférez, dass seine Frau nicht so reich ist, wie sie behauptet hat. Ihr angebliches Haus gehört in Wirklichkeit ihrer Freundin. In der Zwischenzeit ist Doña Estefania mit dem Geld ihres Ehemannes geflohen. Dieselbe Grundstruktur ist bei Zayas zu finden: fasziniert von ihrem Haus heiratet Don Marco die schöne Doña Isidora. Nach der Hochzeitsnacht entdeckt er, dass er betrogen wurde: Seine Frau ist bei weitem nicht so jung, wie sie in der Öffentlichkeit erscheint. Außerdem gehört das Haus ebenfalls nicht ihr. Genau wie bei Cervantes erfährt der Protagonist dies zu spät, das heißt nachdem Doña Isidora mit seinem Geld verschwunden ist.

Las dos doncellas und *la burlada Aminta.*

Die Ähnlichkeiten zwischen *las dos doncellas* und *la burlada Aminta* fallen auf, wenn die Themen der Rache und der verlorenen Ehre behandelt werden. Genau wie Teodosia, die cervantinische Heldin, wird Aminta von einem Mann betrogen. Dies hat in beiden Fälle die Verletzung ihrer *honra* (‚Ehre‘) zur Folge. In beiden Novellen verkleidet sich die Frau als Mann und begibt sich auf die Suche nach dem Betrüger. Erst am Ende laufen die Erzählungen auseinander: Während Teodosia auf ihre Rache verzichtet, begeht Aminta den geplanten Doppelmord, der ihre Ehre wiederherstellt.

El celoso extremeño und *el prevenido engañado.*

In ihrem Aufsatz *"Novellenerzählen und Geschlecht im Siglo de Oro: María de Zayas' ré-écriture der cervantinischen Novelle"* vertritt Ursula Jung die These, dass *el prevenido engañado* eine Umschreibung des *Celoso extremeño* sei. Ihrer Meinung nach versucht Zayas Carrizales' Verhalten zu erklären. Sie geht davon aus, dass Carrizales eine ähnliche Erfahrung mit Frauen haben muss wie Fadrique und dies sei der Grund für seine krankhafte Eifersucht[40].

---

[40] Vgl. Jung (1999) S.141

Eine multiple Intertextualität.

Diese Interpretationen sind zwar plausibel und berechtigt, jedoch ist die Intertextualität, die zwischen den beiden Autoren besteht, meiner Meinung nach so komplex, dass sie sich nicht auf eine einfache Umschreibung einer Novelle in eine andere reduzieren lässt. Je nachdem welches Motiv untersucht wird, besteht die Möglichkeit andere Novellen zu vergleichen. Ein treffendes Beispiel dafür ist *la burlada Aminta*. Wie ich im weiteren Verlauf dieser Arbeit mehrmals aufzeigen werde, kann *la burlada Aminta* mit *las dos doncellas, la ilustre fregona* oder *el celoso extremeño* verglichen werden, je nachdem ob die Maskerade, die Homosexualität oder das Einsperren der Frau unter die Lupe genommen wird.

Paratextualität

Die Ähnlichkeit, die zwischen den Titeln der beiden zu untersuchenden Werke besteht, liegt auf der Ebene der Paratextualität. Der Titel gehört nur indirekt zum Text. Er ist für die Erzählung nicht relevant, darum gehört er zum Paratext, also zur Umgebung des Textes.

La fuerza de la sangre, la fuerza del amor und el celoso extremeño.

In den Titeln einzelner Novellen ist manchmal der cervantinische Einfluss zu erkennen. So ist der Titel der von Nise erzählten vierten Novelle *la fuerza del amor* zweifelsohne auf den Titel der cervantinischen Novelle *la Fuerza de la sangre* zurückzuführen.

Durch die Wahl ihres Titels schafft Zayas eine eindeutige Verbindung zu Cervantes' Novelle. Jedoch stellt sich die Frage, warum Zayas diese beiden Novellen paratextuell miteinander verbunden hat. Die Möglichkeit besteht, dass sie die beiden Erzählungen als naheliegend erachtet hat. Andererseits könnte es auch ein Streich der Autorin sein, um den Leser auf einen falschen Pfad zu führen. Wie später erläutert wird, ist eine intertextuelle Beziehung zwischen den beiden Novellen durchaus möglich und gerechtfertigt[41].

Allerdings scheint *la fuerza del amor* viel mehr Gemeinsamkeiten mit *el celoso extremeño* zu haben. Beide Novellen beginnen mit einer Hochzeit und enden mit dem Tod des Ehemannes. Die zur Witwe gewordene Ehefrau tritt in den Konvent ein. Die Ähnlichkeit wirkt umso größer, wenn man berücksichtigt, dass das Thema des *adulterio* in beiden Novellen eine große Rolle spielt. Carrizales kommt ums Leben, als er das Loaysas Anwesenheit in Leonoras Gemach entdeckt. Das

---

[41] Vgl. Kapitel 6.2.

Verhältnis zwischen Diego und Nise ist bei Zayas viel eindeutiger. Dieser Ehebruch führt zur Annullierung der Ehe von Laura und Diego.

Der Unterschied liegt darin, dass Cervantes seine Erzählung mit der Exposition der Figur Carrzales einleitet. Hier wird beschrieben, wie er Spanien verlässt, sowie seine Rückkehr nach Sevilla. Zayas beginnt hingegen *la fuerza del amor* mit der Einführung von Lauras Familie. Wenn wir annehmen, dass die Betonung auf der Figur liegt, die als erstes und am ausführlichsten dargestellt wird, dann ist zu bemerken, dass Zayas' Novelle aus der Perspektive der Frau erzählt wird, während Cervantes eine männliche Perspektive wählt.

Architextualität

Die spanische Novelle als Gattung ist zu Zayas' Zeit etwas Neues. Cervantes selbst bezeichnete seine Kurzgeschichten als *ejemplares*, weil die Novelle in dieser Form vorher nicht existierte:

> A esto se aplicó mi ingenio, por aquí me lleva mi inclinación, y más que me doy a entender, y es así que yo soy el primero que he novelado en lengua castellana, que las muchas novelas que en ella andan impresas, todas son traducidas de lengua estranjeras, y éstas son mías propias, no imitada ni hurtadas; ni ingenio las engendró, y las parió mi pluma, y van creciendo en los brazos de la estampa[42].

Trotz Cervantes' Aussage besteht eine Architextualität zwischen seinem Werk und früheren Schriften, sei es auch nur verglichen mit den von ihm erwähnten ausländischen Novellisten wie Boccaccio. Durch die Anpassung dieser Gattung an die spanische Sprache und Kultur, sowie durch Cervantes' Bemühen, sich von seinen Vorgängern zu distanzieren, wurde eine ganz neue Gattung erschaffen:

> Con Cervantes, la novela breve se convertido en un género muy distinto al boccacciano: ha aumentado su extensión, hasta el punto de que cada novela cobra entidad e independencia, por lo que el autor prescinde del marco introductorio. Desaparece la noción de relato construido en torno a un único suceso. Se incorporan elementos y técnicas procedentes de otros géneros, como la novela bizantina y picaresca, etc[43].

---

[42] Vgl. Cervantes (2007) Band I, S.52

[43] Vgl. Yllera (1983) S.25

Durch den Erfolg der *Novelas ejemplares* wurde die von Cervantes neu erschaffene Gattung zu einem der beliebtesten und kultiviertesten Genres der Literatur. Berühmte Autoren, wie Lope de Vega, Tirso de Molina oder Castillo Solórzano veröffentlichten ebenfalls *Novelas*[44].

Mit ihrer 1637 erschienenen ersten Novellensammlung gehört Zayas zu diesen Autoren, die zwangsläufig eine architextuelle Beziehung zu Cervantes haben, da er die Gattung begründet hat.

Hypertextualität

Ob eine Hypertextualität zwischen María de Zayas und Cervantes besteht, ist schwierig einzuschätzen. Zayas übernimmt Cervantes' Titel, aber die Novellen an sich sind sehr verschieden. Zayas' Texte sind weder Parodie noch Pastiche. Andererseits sind die intertextuellen Beziehungen zwischen beiden Werken so zahlreich, dass kaum anzunehmen ist, Zayas hätte die *novelas amorosas* geschrieben, wenn die *Novelas ejemplares* nie erschienen wären.

Zweifellos sind Zayas Novellen durch ihre eigene Persönlichkeit geprägt. Trotzdem ist eine hypertextuelle Beziehung zwischen ihr und Cervantes nicht auszuschließen. Wie Joyce die homerische *Odyssee* aus der Perspektive des Iren im 20. Jahrhundert umdichtet, so werden die cervantinischen Novellen bei Zayas aus der Frauenperspektive neu geschrieben. Allerdings ist die Hypertextualität viel subtiler, denn die Autorin geht bei ihrer Umschreibung über die Grenzen der einzelnen Novellen hinaus. Wären die *Novelas ejemplares* ein mehrstöckiges Haus könnte Zayas Transformationsprozess wie folgt erläutert werden: Sie reißt das Gebäude ein und baut aus den einzelnen Bausteinen ein neues Haus auf. So ist es eher unwahrscheinlich, dass die Bausteine, die früher ein Stockwerk gebildet haben, ebenfalls ein Stockwerk in der neuen Konstruktion bilden. Viel plausibler ist, dass die Steine, aus denen zum Beispiel der erste Stock früher bestand, jetzt auf allen Ebenen des Hauses wiederzufinden sind. Auf diese Weise sind die *Novelas amorosas* zu betrachten: Eine einzige Novelle von Zayas besteht aus verschiedenen Elementen der *novelas ejemplares*.

---

[44] Vgl. Yllera (1983) S.26

Die Analyse des Geschlechts in der Literatur

Wenn wir annehmen, wie es in dem Kapitel über die Intertextualität näher erläutert wurde, dass Zayas eine weibliche Umschreibung der *novelas ejemplares* liefert, ist es notwendig sich mit den Interpretationstheorien des Geschlechts in der Literatur auseinanderzusetzen.

Frauenbewegung und Feministische Literaturwissenschaft

Die internationale Frauenbewegung und die feministische Literaturwissenschaft sind eng miteinander verbunden. Die erste Welle des Feminismus begann 1830 mit der Suffragettenbewegung und dauerte bis ca. 1920. Erst in den 60er und 70er Jahren des 20. Jahrhunderts entwickelte sich eine zweite Welle des Feminismus, die bis zum heutigen Tag andauert.

Die Proteste der Frauen und ihr Verlangen nach Gleichberechtigung bewirkten Veränderungen in vielen Bereichen der Gesellschaft und der Wissenschaft. In der Geschichte oder in der Literatur fiel auf, dass die Frau in den vergangenen Jahrhunderten ausgegrenzt wurde, sei es als Figur, als Autorin oder als Literaturwissenschaftlerin[45].

Die Frauenbewegung setzte sich die Erweckung eines weiblichen Selbstbewusstseins als Ziel. Dieses Ziel wurde jedoch durch den fehlenden Niederschlag von Frauen und ihren Leistungen in der offiziellen Geschichtsschreibung erschwert. Aus diesem Grund begannen Historikerinnen, über bestimmte Frauen zu recherchieren, die geschichtlich etwas bewirkt hatten. Andere bemühten sich, die Jahrhunderte lange Unterdrückung der Frauen darzustellen[46].

Geschlechterforschung oder Gender-Studies.

Sex und Gender

Mit ihrem 1949 erschienen Buch *Le deuxième Sexe* hat sich Simone de Beauvoir als Autorin von großer Bedeutung für den Feminismus durchgesetzt. Sie vertritt die Meinung, dass die Frau nicht als Frau geboren, sondern zur Frau gemacht wird[47]. Diese Aussage bildete das Fundament, auf dem die Frauenforschung später aufgebaut wurde. 1968 bewies der Psychologe Robert J. Stoller, dass die Geschlechtsidentität sich erst nach der Geburt bildet und dass sie besonders durch

---

[45] Vgl. Köppe/Winko (2008) S.201

[46] Vgl. Martschukat/Stieglitz (2005) S.17ff.

[47] Vgl. Steffen (2006) S.13

die ersten achtzehn Monate geprägt wird[48]. Dabei führt er den Begriff *Gender* ein, um das Geschlecht als „soziokulturelles Konstrukt[49]" zu bezeichnen. Auf dieser Weise wird zwischen sozialem Geschlecht (*Gender*) und anatomischem Geschlecht (*Sex*) unterschieden. Beide werden unabhängig voneinander betrachtet und das eine entspricht nicht notwendigerweise dem anderen.

Die essentialistische Debatte.

Diese Vorstellung löste eine Debatte innerhalb der feministischen Kreise aus, vor allem zwischen den Befürwortern dieser Theorie und den Essentialisten. Diese waren der Meinung, dass der psychologische und emotionale Unterschied zwischen Männern und Frauen auf den biologischen Unterschied zurückzuführen ist, zum Beispiel unterschiedliche hormonelle Einflüsse. Essentialisten wehren sich gegen eine männlich orientierte Welt und definieren den Feminismus als die Suche nach der weiblichen Identität:

> They argue that feminism should work to liberate women from a system of male-centred values and beliefs, and should empower them to discover their own uniquely female identity. This identity is frequently described as being more empathetic and co-operative, more connected to others, and more accepting of multiple viewpoints, unlike male-identity which is monolithic, authoritarian, and founded in a rationalist belief in one truth[50].

Die Theorie der Trennung zwischen *Sex* und *Gender* ist nicht mit der Ansicht des Essentialismus zu vereinbaren, deswegen werden ihre Anhänger ‚Anti-Essentialisten' genannt. Beide verfolgen zwar das gleiche Ziel, nämlich die Gleichberechtigung für Männer und Frauen, sie gehen aber dafür in zwei entgegengesetzte Richtungen. Die einen thematisieren die Geschlechtsidentität als natürlich gegeben, während die anderen diese Determiniertheit des *Genders* ablehnen. Für sie wird die Geschlechtsidentität von der Gesellschaft aufgezwungen. Von den ersten Monaten an verhält sich das Kind, wie die Erwachsenen aus seiner Umgebung es von ihm verlangen. Ob es ein Junge oder ein Mädchen ist, spielt natürlich eine Rolle für die Geschlechtsidentität. Diese ist aber keineswegs natürlich gegeben.

---

[48] Vgl. Steffen (2006) S.12

[49] Vgl. Köppe/Winko (2008) S.203

[50] Vgl. Tolan (2006) S.323

In diesem Fall kann nicht mehr angenommen werden, dass eines der beiden Geschlechter dem anderen überlegen ist.

Neben den feministischen Ansätzen der Literaturwissenschaft entwickelten sich die Gender-Studies, die das „Geschlecht" als analytische Forschungskategorie betrachten[51]. Diese setzt sich mit dem weiblichen und männlichen Geschlecht auseinander sowie mit ihrer Beziehung zueinander[52]. Dabei geht diese Forschungsrichtung weit über die Grenzen der Literaturwissenschaft hinaus, da sie auch u.a. soziologische und historische Aspekte berücksichtigt.

Queer-Theory und Queer-Reading.

In den 90er Jahren wird die Trennung zwischen Sex und Gender wieder in Frage gestellt. In ihrem 1990 erschienenen *Gender Trouble*, auf Deutsch *"Das Unbehagen der Geschlechter"*, vertritt Judith Butler die Meinung, dass das biologische Geschlecht (*Sex*) ebenso wie das Gender ein kulturelles Konstrukt sei. Und im Gegenteil zu dem, was in der früheren Forschung behauptet wurde, ist die geschlechtliche Anatomie ein Produkt des sozialen Geschlechtes.

> Die Geschlechtsidentität darf nicht nur als kulturelle Zuschreibung von Bedeutung an ein vorgegebenes anatomisches Geschlecht gedacht werden (...). Vielmehr muß dieser Begriff auch jenen Produktionsapparat bezeichnen, durch den die Geschlechter (Sexes) selbst gestiftet werden.(...) Die Geschlechtsidentität umfaßt auch jene diskursive / kulturellen Mittel, durch die eine « geschlechtliche Natur » oder ein « natürliches Geschlecht » als « vordiskursiv », d.h. als der Kultur vorgelagert oder als politische neutrale Oberfläche, auf der sich die Kultur einschreibt, hergestellt und etabliert wird[53].

Butler spricht von einer *Zwangsordnung* zwischen Sex, Gender und Begehren, die innerhalb der Kultur als selbstverständlich erscheint[54]. Das mit einem Penis bestückte Individuum wird als Mann angesehen und begehrt Individuen mit einer Vagina. Dementsprechend hängen innerhalb der Gesellschaft das Gender und das Begehren von dem biologischen Geschlecht ab.

---

[51] Vgl. Martschukat/Stieglitz (2005) S.22

[52] Vgl. Martschukat/Stieglitz (2005) S.20

[53] Vgl. Butler (1991) S.24

[54] Vgl. Butler (1991) S.22

Butlers Argumentation gilt als grundlegender Text für die *Queer Studies*. Dieses besondere Forschungsgebiet beschäftigt sich mit allem, was nicht in dieses gesellschaftlich gesetzte Verhältnis zwischen Sex, Gender und Begehren passt. Dies bezieht Homosexualität, Bisexualität, Sadomasochismus, Transvestismus etc. ein. Ähnlich wie das deutsche Wort ‚*schwul*' wurde der Begriff ‚*queer*' ursprünglich als Beschimpfung verwendet, allerdings wurde er im Laufe der Jahre immer mehr von den Homosexuellen in Anspruch genommen. Hauptsächlich beschäftigen sich *Queer Studies* mit der Sexualität in ihrem geschichtlichen Kontext[55]. Darum bietet Foucault und seine "*Geschichte der Sexualität*" einen entscheidenden Ausgangspunkt für dieses mittlerweile institutionalisierte Forschungsgebiet. Das sog. *Queer-Reading* ist ein relativ neues literaturwissenschaftliches Lektüreverfahren, bei dem die Abweichungen von der Norm im literarischen Kanon ans Licht gebracht werden.

Praktische Ansätze

Bei einer Untersuchung der Liebe und der Sexualität in der Literatur des 17. Jahrhunderts kommt man an diesen Forschungsrichtungen nicht vorbei. Erst recht nicht, wenn dabei die Auffassung eines weiblichen Autors im Vergleich zu einem männlichen analysiert wird. Dabei ist es wichtig, die Geschlechtsidentität der zu analysierenden Figuren zu erfassen. Dafür ist das Verhältnis zwischen Sex und Gender zu berücksichtigen, aber auch der soziale Status oder die Ethnizität[56].

Bei dem Interpretationsvorgang ist es wichtig, sich von der aktuellen Norm zu distanzieren. Das, was heute eventuell als pervers erscheint, war möglicherweise ein üblicher Akt, als das Werk entstand, und galt somit nicht als Transgression der Norm[57].

Auch die Wortwahl soll dabei durchdacht sein, denn mit heutigen Begriffen sind zwangsläufig heutige Konzepte verbunden. Gerade bei einer Analyse der Sexualität ist dies extrem wichtig. Ein einleuchtendes Beispiel hierfür ist die Homosexualität. Es ist aus den Akten der Inquisition bekannt, dass Geschlechtsverkehr

---

[55] Vgl. Schößler (2008) S.107

[56] Vgl. Schülting (2006) S.72

[57] Vgl. Schülting (2006) S.72

zwischen Männern alles andere als eine Seltenheit war[58]. Trotzdem ist es problematisch, von ‚Homosexualität' zu reden; denn das Wort und das mit ihm verbundene Konzept erschien erst in der Medizin des 19. Jahrhunderts.

Lotmans Raumstrukturierungstheorie

Im Rahmen des Themas dieser Arbeit ist ein weiterer Ansatz relevant und zwar das Verhältnis zwischen Gender und Räumlichkeit. Die Art und Weise, wie Räume konnotiert sind, ist ein wichtiger Faktor, um die Geschlechtsidentität einer Figur herauszuarbeiten. Daher rührt die Notwendigkeit, sich bei dieser Untersuchung mit Lotmans Raumstrukturierungstheorie zu befassen und kurz zu erläutern.

Die räumliche Darstellung in einem Text ist viel mehr, als nur Hintergrundinformation. Anscheinend braucht der Mensch eine visuelle räumliche Darstellung, um etwas verstehen zu können. So folgen zum Beispiel die religiösen Ideologien einer vertikalen Achse[59]. Die Opposition Mensch – Götter wird anhand der Opposition oben – unten räumlich dargestellt, ebenso wie die Beziehung zwischen Menschenwelt und Unterwelt. In der Politik werden die Ideologien eher horizontal betrachtet[60]. Der Kommunismus befindet sich auf der linken Seite, der Faschismus auf der rechten Seite. Auf dieser horizontalen Achse und zwischen diesen beiden Extremen sind die anderen Ideologien angesiedelt.

Für Lotman ist das Kunstwerk ein „abgegrenzter Raum, der in seiner Endlichkeit ein unendliches Objekt abbildet"[61]. In einem literarischen Werk kann der Autor die Unendlichkeit nicht darstellen, wie z.B. das Leben aller Frauen im 17. Jahrhundert. Aus diesem Grund konzentriert er sich auf das Schicksal einer Frau, das alle anderen repräsentiert.

Eine weitere räumliche Opposition, die für die Darstellung der Frau in der Literatur von großer Wichtigkeit ist, ist das Begriffspaar offen-geschlossen. In der Märchenwelt ist das Haus der Innenraum, der Wärme und Sicherheit bietet, während der Wald, in dem sich das Haus befindet, den kalten und feindlichen Außenraum

---

[58] Vgl. Kapitel 8.

[59] Vgl. Lotman (1986) S.313

[60] Vgl. Lotman (1986) S.313

[61] Vgl. Lotman (1986) S.311

darstellt. Zwischen Innen- und Außenraum befindet sich eines der wichtigsten Merkmale der Raumstruktur, nämlich die unüberschreitbare Grenze[62].

Das Haus spielt in der Literatur des 17. Jahrhundert eine große Rolle, besonders wenn es um Frauen geht. Das Innere ist passiv, unbeweglich und vor allem weiblich geprägt. Das Äußere hingegen wird als aktiv, beweglich und dementsprechend männlich bezeichnet[63]. Die Einordnung der Frau im Innenraum wird von den damaligen Vorstellungen der weiblichen Anatomie verstärkt. Das sogenannte „ein-Sex-Modell" beruht auf der Ähnlichkeit zwischen männlicher und weiblicher Anatomie.

> Der Uterus galt als nach innen gestülpter Penis, die Eierstöcke wurden als nach innen gekehrte Testikeln angesehen.[64]

Im 17. Jahrhundert wurde die Frau in vielen Hinsichten mit dem Inneren in Verbindung gebracht. Es ist also nicht verwunderlich, dass sie in der Literatur im häuslichen Innenraum festgehalten wird.

Für Lotman ist die Raumstrukturierung eines Textes mit den Begriffen *Ereignis* und *Sujet* eng verbunden. Es gib zwei Arten von Texten: der sujetlose Text und der sujethafte. In einem sujetlosen Text sind die Grenzen zwischen den abgetrennten Räumen unverletzbar. In den Texten, die zu dieser Kategorie gehören, bleiben alle Figuren in ihrem jeweiligen Raum. Das Überschreiten der Grenzen ist dabei undenkbar. Ein sujetloser Text wird sujethaft, sobald ein Ereignis vorkommt. Lotman definiert das ‚Ereignis' als „die Versetzung einer Figur über die Grenze eines semantischen Feldes"[65]. Dies ist bei einer Gender-orientierten Analyse von Cervantes und María de Zayas durchaus relevant, denn die Überschreitung der Grenzen ist eine der Haupteigenschaften der Schriften dieser beiden Autoren.

---

[62] Vgl. Lotman (1986) S.327

[63] Vgl. Weich (2006) S.218

[64] Vgl. Thiemann (2006) 68

[65] Vgl. Lotman (1986) S. 332

Die Liebeskonzeption im Siglo de Oro

Heutzutage scheint sich jeder mit der Idee abgefunden zu haben, dass Liebe etwas Unerklärliches sei. In der frühen Neuzeit war das jedoch anders. Durch die italienische Renaissance wurden die Philosophie und die Wissenschaft der Antike wieder zum Leben erweckt. Für alles gab es eine wissenschaftliche Erklärung, auch für die Liebe. Um die Konzeption der Liebe im 17. Jahrhundert zu verstehen, ist es wichtig, sich sowohl mit der Philosophie als auch mit der Medizin der Antike zu befassen und ihre Entwicklung durch das Mittelalter zu beobachten. Die Liebeskonzeption der frühen Neuzeit umfasst die Theorien von Platon, Aristoteles, Galen und Hippokrates, jedoch so derart angepasst, dass sie den christlichen Dogmen nicht widersprechen. Es folgt ein Überblick der

(1.) Philosophischen,

(2.) medizinischen,

(3.) literarischen Aspekte des Themenfeldes.

Die Philosophie

Die platonische Liebe

Die griechische Mythologie fußt auf einer großen Zahl Götter. Für alles, was den Menschen wiederfuhr, war eine Gottheit verantwortlich. Für die Liebe war es Eros. In seinem „Gastmahl" beschreibt Platon das Zusammentreffen von mehreren Philosophen der Antike, die nacheinander eine Rede halten, mit dem Zweck, Eros zu ehren. Auf diese Weise kann Platon zuerst den Wissensstand seiner Zeit erläutern, bevor er seine eigenen Überlegungen durch die Figur von Diotima erläutert.

Dem Mythos nach soll Eros der Begleiter Aphrodites sein. Demnach sind Liebe und Schönheit eng miteinander verbunden. Diotima gibt als Grund dafür an, dass Eros von Poros und Penia bei der Geburtsfeier von Aphrodite gezeugt wurde. Als Sohn der Armut und des Reichtums ist er weder reich noch arm und weder weise noch unwissend. Er ist nicht, wie jeder annimmt, schön und zart, sondern „rau, ungepflegt, geht barfuß und ist ohne Wohnung"[66]. Das väterliche Erbe zwingt ihn jedoch, dem Schönen und dem Guten nachzujagen. Da die Götter bekanntlich selbst gut und schön waren, konnte Eros kein Gott sein. Vielmehr war er ein Dämon, ein Wesen, das zwischen dem irdischen Dasein und dem Göttlichen lebte:

---

[66] Vgl. Platon (2008) S.49

Diese Dualität wurde schon in der zweiten Rede des „Gastmahls" behandelt. Pausanias behauptet, dass es zwei Aphroditen gibt: die gewöhnliche und die himmlische. Die gewöhnliche, Tochter von Zeus und Dione, ist wesentlich jünger als die himmlische, Tochter des Himmelsgottes Uranos. Demnach gibt es zwei Arten von Liebe: Die Liebe des gewöhnlichen Eros ist die Liebe des Körpers, während die des himmlischen Eros die Liebe der Seele darstellt. Zwischen diesen beiden Formen besteht eine Beziehung und beide müssen im Gleichgewicht bleiben.

Für Diotima besteht die Liebe zuerst in der Liebe des Körpers, dann erst in der Liebe der Seele:

> Es muss nämlich derjenige, der richtig an diese Sache herangeht, solange er junge ist, anfangen den schönen Körpern nachzugehen (...), dann aber erkennen, dass die Schönheit bei jedem beliebigen Körper mit der bei jedem anderen Körper eng verwandt ist und dass, wenn man dem Schönen in seiner wahren Gestalt nachgehen soll, es große Unvernunft wäre, die Schönheit bei allen Körpern nicht für ein und dieselbe zu halten. Wenn er dies aber erkannt hat, muss er als Liebhaber aller schönen Körper auftreten und in seiner heftigen Leidenschaft zu einem einzelnen Körper nachlassen, indem er beginnt, diese Form des Begehrens zu verachten und für geringfügig zu halten. Danach aber muss er anfangen, die Schönheit in den Seelen für etwas Wertvolleres zu halten als die Schönheit in den Körpern, sodass, auch wenn einer, dessen Seele wohlgeartet ist, nur wenig körperliche Schönheit besitzt, ihm das genügt, er ihn liebt, sich um ihn kümmert und solche Gespräche sucht und hervorbringt, die junge Menschen besser machen können. Auf diese Weise soll er dazu gebracht werden, das Schöne in den Tätigkeiten, Sitten und Gesetzen zu erblicken und zu sehen, dass alles Schöne miteinander verwandt ist, um zu der Überzeugung zu gelangen, dass die körperliche Schönheit etwas Unbedeutendes ist[68].

---

[67] Vgl. Platon (2008) S.48

[68] Vgl. Platon (2008) S.58ff

Die Auffassung Platons ist demnach, dass die Liebe die Gegensätze miteinander verbindet: irdisch und himmlisch, sterblich und unsterblich, Körper und Seele. Sie ist außerdem das Mittel, um die höhere Ebene zu erreichen. Wie eine Zwiebel besteht die Welt aus verschiedenen Schichten und die Liebe ist die treibende Kraft nach oben. Die unterste Schicht ist das „Nicht-Sein". Konsequenterweise ist dann die oberste das vollendete „Sein". Die Menschheit selbst befindet sich zwischen diesen zwei Ebenen, da sie am „werden" ist[69]. Durch die Liebe nähert sich der Mensch der Vollkommenheit.

Von der platonischen Liebe zur christlichen Liebe.

Der Aufstieg des Christentums als Staatsreligion stellte die Gelehrten vor ein Dilemma. Die platonische Auffassung der Liebe, die zu dieser Zeit immer noch galt, ließ sich zum Teil nicht mit den Dogmen der Kirche vereinbaren. Die Dualität zwischen der irdischen und himmlischen Ebene konnte zwar beibehalten werden, ebenso wie die Entsprechung menschlich und göttlich, allerdings war die Liebe bei Platon keineswegs bei den Göttern zu finden. Götter stellten die Vollkommenheit dar und die Liebe die Möglichkeit für die Menschen, diese Vollkommenheit zu erreichen. Da die Götter schon auf der Ebene des vollendeten Seins lebten, hatten sie auch kein Bedürfnis mehr, nach Höherem zu streben[70]. Aus diesem Grund lässt Platon Diotima behaupten, dass Eros kein Gott sei, sondern nur ein Dämon: auf der himmlischen Ebene kann es keine Liebe geben, da der Aufstieg durch die treibende Kraft der erotischen Anziehung zu einem Ende gekommen ist.

Das Christentum jedoch basiert auf dem Glauben, dass Gott die Liebe sei und dass er aus Liebe zur Menschheit die menschliche Form angenommen habe. Unter dieser Voraussetzung kann die Liebe nicht mehr als die Kraft angesehen werden, die die Entwicklung des Menschen vorantreibt. Vielmehr ist der Prozess umkehrbar. Um Joaquín Xirau zu zitieren, handelt es sich bei Platon um einen „natürlichen unpersönlichen Prozess", während „die Genese der christlichen Welt eine übernatürliche persönliche Geschichte ist"[71]. Für die Anhänger Platons hing alles von der erotischen Anziehungskraft ab. Es war die Kraft, die das Universum zu Höherem trieb. Sie gehörte zu den Naturgesetzen, genauso wie heute die Gravitation.

---

[69] Vgl. Xirau (2007) S.15

[70] Vgl. Xirau (2007) S.23

[71] Vgl. Xirau (2007) S.32

Bei den Christen jedoch wurde die Liebe unter dem Begriff „Gott" personifiziert. Dies führte dazu, dass die Liebe zu einem übernatürlichen Phänomen wurde.

Das Konzept der negativen Unendlichkeit ist ein weiteres Erbe der griechischen Philosophie, das nicht in die kirchliche Ideologie übernommen werden konnte. Für die Griechen der Antike ist die Vollkommenheit begrenzt[72]. Je weiter gefasst diese Grenzen um ein Wesen sind, desto mehr verliert dieses Wesen an Vollkommenheit und nähert sich dem „Nicht-Sein". In der christlichen Vorstellung ist Gott jedoch allumfassend.

Trotzdem ähneln sich beide Liebeskonzeptionen in dem Punkt, dass es zwei Arten von Liebe gibt: die körperliche Liebe und die seelische Liebe. Beide Konzepte postulieren, dass die körperliche Liebe die niedrigste Form darstellt und dass die einzig wahre Liebe über den Körper hinausgeht.

Die Seele (nach Aristoteles)

Das Verständnis des Seelenbegriffs ist von großer Wichtigkeit, um die Liebe zu verstehen. Deswegen soll das Konzept hier erläutert werden. Aristoteles gilt als Koryphäe auf diesem Gebiet. Mit seiner Beschreibung der Seele in „De Anima" beeinflusste er die Philosophie und die Naturwissenschaft seiner Zeit, des Mittelalters und der Neuzeit.

Eine ausführliche Definition liefert Aristoteles im zweiten Buch von „de Anima". Das Lebewesen an sich besteht aus zwei Teilen: dem Körper und der Seele. Dabei soll der Körper die materielle „Verkörperung" der Seele sein:

> Ganz allgemein ist damit ausgesprochen, was die Seele ist: Wesenheit im begrifflichen Sinne. Diese ist das eigentliche Sein für einen so und so beschaffenen Körper [...] Wäre das Auge ein Lebewesen, so wäre die Sehkraft seine Seele. Denn jene ist die Wesenheit des Auges im begrifflichen Sinne. Das Auge aber ist Materie der Sehkraft, und wenn letztere schwindet, ist es nur noch der Bezeichnung nach Auge, wie das steinerne oder das gemalte. [...] wie die Pupille und die Sehkraft zusammen das Auge sind, so sind die Seele und der Körper zusammen das Lebewesen[73].

---

[72] Vgl. Xirau (2007) S.28

[73] Vgl. Aristoteles (1983) S.25

Nur in der Kombination von Seele und Körper ist Leben überhaupt möglich. Ein wichtiger Faktor, der außer dem Denken das Leben definieren kann, ist nach Aristoteles das Wahrnehmungsvermögen. Die Seele nimmt ihre Umwelt durch fünf Sinne wahr: den Gesichtssinn für die Erkennung von Farben, den Gehörsinn, den Geruchssinn, den Geschmackssinn und den Tastsinn. Das Wahrgenommene ist mit dem wahrnehmenden Organ durch die Elemente verbunden. Alle Organe, die für diese Sinne verantwortlich sind, bestehen entweder aus Luft oder aus Wasser, manchmal auch aus beidem. Das Hörorgan besteht z.B. aus Luft, deswegen kann es Geräusche empfangen, da diese über die Luft übertragen werden. Analog verhält es sich mit dem Gesicht und der Farbe[74].

Die einzelnen Sinne reichen jedoch nicht aus, um die ganze Außenwelt zu erfassen. Der Mensch braucht einen „Gemeinsinn", den sog. *sensus communis*, der die Wahrnehmung von mehreren Organen kombiniert, damit die Seele eine Art 'Gesamtbild' erhält. Dieser Gemeinsinn befähigt den Menschen, die empfangenen Bilder voneinander zu unterscheiden. Er dient ebenfalls zur Erkennung von Bewegungen, Anzahl, Gestalt und Größe, da diese Eigenschaften nicht von einzelnen Sinnen erfasst werden können.

Zwischen dem Wahrnehmungsvermögen und dem Intellekt befindet sich die sog. *phantasia*, die Vorstellungskraft. Sie sorgt dafür, dass das von dem *sensus communis* gelieferte Bild bearbeitet wird, bevor es an den Intellekt weitergeleitet wird. Guillermo Serés beschreibt die dort stattfindende Transformation als einen Prozess, bei dem das Bild von den Resten der Materie gereinigt wird[75].

Die Medizin

Die Drei-Kammer Theorie

Auch wenn Aristoteles den Sitz der Seele im Herzen lokalisierte, setzte sich ab dem zweiten Jahrhundert nach Christus die Vermutung des römischen Wissenschaftlers Galen durch, dass die Seele im Gehirn zu finden sei. Bei seiner Beschreibung des Gehirns deutete er an, dass der Intellekt aus drei Teilen bestehe: der Einbildungskraft, der Vernunft und dem Gedächtnis[76]. Die Analogie mit Aristoteles' Beschreibung der Seele ist, trotz ihrer Verortung in einem anderen Organ, deutlich zu erkennen.

---

[74] Vgl. Aristoteles (1983) S.49

[75] Vgl. Serés (1996)

[76] Vgl. Clarke / Dewhurst (1973) S.15

Im vierten und fünften Jahrhundert stützten sich die Theoretiker der jungen katholischen Kirche (der heilige Augustinus u.a.) bei der Entwicklung der sogenannte „Zellendoktrin" auf diese Erkenntnis[77]. Sie beherrschte die Denkweise im Mittelalter und überdauerte bis zum Ende des 18. Jahrhunderts.

Nach dieser Theorie konstituierte sich der seelische Prozess wie folgt:

> Die erste Zelle empfing Sinneseindrücke aus den Sinnesorganen und dem übrigen Körper und beherbergte den *sensus communis*. Im hinteren Teil der ersten Zelle oder in der zweiten Zelle wurden aus Sinneseindrücken durch die *imaginativa* (Vorstellungskraft) oder *fantasia* (Einbildungskraft) Bilder geschaffen. Die zweite Zelle war auch der Sitz der Vernunft und beherbergte die *aestimativa* (Urteilsvermögen), *cogitativa* (Denken) oder *ratio* (Vernunft). Die dritte Zelle enthielt die *memorativa* (Gedächtnis)[78].

Die Geister

„Geister", auch *pneuma* genannt, bezeichnet die Substanz, die die Verbindung zwischen Körper und Seele realisiert. Im Mittelalter und in der frühen Neuzeit werden drei Arten von Geistern unterschieden: die Naturgeister (*spiritus naturales*) befinden sich in der Leber, die Lebensgeister (*spiritus vitales*) im Herzen und die animalischen Geister (*spiritus animales*) im Gehirn[79]. ‚Animalisch' ist nicht im Sinn von ‚tierisch' zu verstehen, sondern ‚dem Geist zugehörig', aus dem lateinischen *animus*. Die *spiritus vitalis* werden in der linken Herzkammer erzeugt und durch das Blut im ganzen Körper verteilt. Im Gehirn wird diese Substanz einem Veredelungsprozess unterzogen und in den gasförmigen Zustand verwandelt, der als 'animalische Geister' zu bezeichnen ist[80]. Danach begibt sich ein Teil dieser Geister zu den aristotelischen Wahrnehmungssinnen, während die anderen ihren Weg durch die drei Kammern des Gehirns bis zur *memoria* weiterverfolgen[81]. Dementsprechend sind diese animalischen Geister verantwortlich für den geistigen Prozess. Sie sind notwendig, um die Wahrnehmung durch die drei Kammern und somit durch die Seele zu geleiten.

---

[77] Vgl. Clarke / Dewhurst (1973) S.15

[78] Vgl. Clarke / Dewhurst (1973) S.15

[79] Vgl. Serés (2006)

[80] Vgl. Clarke / Dewhurst (1973) S.12

[81] Vgl. Amasuno (2002)

Ebenso wie die Drei-Kammer-Theorie ist die Vier-Säfte-Lehre eine langlebige Theorie aus der Antike, die auf Hippokrates zurückzuführen ist. Sie besagt, dass der menschliche Körper aus vier Flüssigkeiten bestehe: Blut, Schleim, gelbe Galle und schwarze Galle[82]. Die Gesundheit des Körpers hänge von der Harmonie ab, die zwischen diesen Säften herrscht:

> Le corps de l'homme renferme du sang, du phlegme, de la bile jaune et de la bile noire. Voilà ce qui constitue la nature du corps; voilà ce qui est cause de la maladie ou de la santé. Dans ces conditions, il y a santé parfaite quand ces humeurs sont dans une juste proportion entre elles tant du point de vue de la qualité que de la quantité et quand leur mélange est parfait; il y a maladie quand l'une de ces humeurs, en trop petite ou trop grande quantité, s'isole dans le corps au lieu de rester mêlée à toutes les autres. Car, nécessairement, quand l'une de ces humeurs s'isole et se tient à part soi, non seulement l'endroit qu'elle a quitté devient malade, mais aussi celui où elle va se fixer et s'amasser, par suite d'un engorgement excessif, provoque souffrance et douleur.[83]

Jeder Saft entspricht einem aristotelischen Element. Die gelbe Galle soll trocken und warm sein, wie das Feuer; die schwarze Galle trocken und kalt, wie die Erde; das Blut feucht und warm, wie die Luft; der Schleim feucht und kalt wie das Wasser. Im Übrigen verändere sich das Verhältnis zwischen diesen Säften, je nach Jahreszeit.

> Il y a augmentation de phlegme chez l'homme en hiver; car c'est l'humeur du corps qui est (...) la plus froide. (...) Au printemps, le phlegme conserve encore de la force dans le corps, et le sang augmente.car les froids se relâchent et les pluies surviennent. Le sang, donc, augmente sous l'effet des averses et des jours de chaleur; (...) de fait, le sang est humide et chaud. (...) En été, le sang conserve encore de la force, tandis que la bile s'accroît dans le corps et persiste ainsi jusqu'en automne. En automne, le sang diminue (...). La bile, elle, prédomine dans le corps en été et en automne (...). Le phlegme, lui, est en été à son degré minimum de force; car la saison, qui est sèche et chaude, est contraire à sa nature. Le sang, en automne atteint son minimum dans

---

[82] Vgl. Hippocrates (1975) S.172ff

[83] Vgl. Hippocrates (1975) S.173ff

l'homme; car l'automne est sec et commence déjà à refroidir le corps.
La bile noire, en revanche, est en automne à son maximum du point
de vue tant de la quantité que de la force. . Mais au retour de l'hiver,
la bile se refroidissant, diminue tandis que le phlegme augmente en-
core à nouveau par suite de l'abondance des pluies continues et de la
longueur des nuits. Ainsi, tous ces éléments existent perpétuellement
dans le corps de l'homme, mais avec le cycle des saisons, il passent par
des phases d'augmentation et de diminution, chacun selon son tour et
selon sa nature.[84]

Die Liebeskrankheit

Die Antike und das Mittelalter

Dass die Seele im Gehirn zu finden sei, ist ein Mythos, der bis zum 19. Jahrhundert überdauerte. Nach dieser Auffassung musste die Anatomie die seelischen Affekte wie die Liebe wissenschaftlich erklären können. Von der Antike bis nach
der Aufklärung wurde sie wie eine Krankheit behandelt. Zu seiner Zeit lieferte
Ovid Heilmittel gegen die Verliebtheit[85]:

> Hortor et, ut pariter binas
> habeatis amicas.
> Fortior est, plures si quis
> habere potest.
> (...) Est opus: auxilio turba futura
> tibi est.
> Tristis eris, si solus eris;
> dominaeque relictae [86]

Dem *Libro de buen amor* ist zu entnehmen, dass es zwei Arten von Liebe gibt.
Die gute Liebe ist die Liebe zu Gott. Alles andere wird als *amor loco* bezeichnet[87].
Der Erzpriester von Hita scheint, von den platonischen Theorien beeinflusst zu
sein. Auch Platon unterschied zwischen himmlischer und körperlicher Liebe. Er
betrachtete ebenfalls die Liebe als eine Art Wahnsinn, die durch die Unfähigkeit
der Seele, die Schönheit zu erreichen, verursacht wurde[88].

---

[84] Vgl. Hippocrates (1975) S.183ff

[85] Vgl. Birchler (1975) S.17

[86] Vgl. Ovid

[87] Vgl. Amasuno (2002)

[88] Vgl. Serés (1996)

Am Anfang des Mittelalters versuchte die Medizin, die Liebeskrankheit anhand der Drei-Kammer-Theorie zu erklären. Wie schon erläutert, besteht die aristotelische Seele aus dem *sensus communis*, der Vorstellungskraft, dem Intellekt und dem Gedächtnis. Das vom Auge wahrgenommene Bild wird von den Geistern getragen, an die Vorstellungskraft weitergeleitet, wo es gereinigt wird, bevor es vom Intellekt bearbeitet wird. Allerdings führt dies zu einer Erhitzung der Geister, wenn das erotische Begehren exzessiv wird. Dadurch wird das Vorstellungsbild beeinträchtigt und dementsprechend auch der Intellekt[89]. Dies verursache bei Liebenden einen ähnlichen Rausch wie eine Krankheit oder wie ein Rausch infolge überhöhten Alkoholkonsums[90].

Wenn die Liebe nicht erfüllt wird, erscheine die Krankheit: Symptome seien unter anderem unregelmäßige Atmung, Schlaflosigkeit, Stimmungs-schwankungen, Abmagerung des Körpers, schneller und unregelmäßiger Puls. So wie Ovid empfahlen die Ärzte des Mittelalters diverse therapeutische Mittel: sexuelles Vergnügen mit verschiedenen Frauen, Alkohol, Musik, Spaziergänge sowie warme Bäder und Aderlass[91].

Die frühe Neuzeit

Descartes und Willis

Die Renaissance stellt das Ende des „finsteren" Mittelalters und die Rückkehr zur Antike dar. Die Theorien zur Lokalisierung der Seele im Gehirn wurden aufgegriffen und weiterentwickelt, jedoch nicht grundsätzlich verändert. Die mittelalterliche Drei-Kammer-Theorie wurde zunehmend abgelehnt[92], jedoch wiesen die neuen Theorien sehr viele Gemeinsamkeiten mit ihr auf. Descartes verlegte die Seele in die Zirbeldrüse[93] und Willis orientierte sich weiterhin an der aristotelischen Dreifaltigkeit der Seele:

> Das corpus striatum als Empfänger aller Sinnesreize wurde zum Sitz des „sensus communis", die Einbildungskraft lag im corpus callosum (darunter verstand Willis die ganze weiße Substanz zwischen Stammesganglien und Cortex) und die Hirnrinde enthielt das Gedächtnis.

---

[89] Vgl. Zeiner (2006) S.31

[90] Vgl. Serés (1996)

[91] Vgl. Zeiner (2006) S.35

[92] Vgl. Clarke / Dewhurst (1973) S.51

[93] Vgl. Schott (2002) S.98

Das Großhirn kontrollierte die Willkürmotorik, das Kleinhirn vegetative
Funktionen und Willkürhandlungen (...)[94]

Marsilio Ficino

Marsilio Ficino (1433-1499) – Arzt, Philosoph, und Gründungsmitglied der platonischen Akademie in Florenz – ist wohl eine der bedeutendsten Persönlichkeiten, wenn es um die Liebe in der Renaissance geht. In seinem 1469 erschienenen Kommentar über Platons Gastmahl *De Amore* liefert er ebenfalls eine wissenschaftliche Erklärung über die Liebe. Für ihn gibt es zwei Arten von Wahnsinn: die eine ist auf das Gehirn zurückzuführen, die andere auf das Herz. Bei seiner Beschreibung der Gehirnkrankheit ist zu erkennen, dass Marsilio Ficino sich auf Hippokrates' Vier-Säfte-Lehre beruft:

> Das Gehirn wird manchmal mit vertrockneter Galle, manchmal mit vertrocknetem Blut, manchmal auch mit dem schwarzen Bodensatze des Blutes angefüllt, und dadurch werden die Menschen wahnsinnig[95].

Die Verliebtheit jedoch ist eine im Herz lokalisierte Krankheit, obwohl der Terminus „Krankheit" im diesem Fall schwach erscheint. Für Ficino ist sie „die schlimmste aller Seuchen"[96]. Er schreckt sogar zurück, hierfür das Wort „Liebe" zu verwenden, denn es hat seiner Meinung nach nichts mit der heiligen Liebe Gottes zu tun. Aus diesem Grund wird sie von ihm *gemeine Liebe („amor vulgaris")* genannt. Dies erläutert er wie folgt:

> ... Die Lebensgeister sind in diesem Alter [die Jugend] dünn, hell, warm und süß (...) da sie von der Wärme des Herzens aus dem reinsten Blut erzeugt werden, sind sie in uns immer von derselben Beschaffenheit wie das Blut. Da aber der Dunst des Blutes, welcher als Lebensgeist bezeichnet wird, aus dem Blute entsteht und von dessen Beschaffenheit ist, so entsendet er ihm gleichartige Ausstrahlungen durch die Augen wie aus Glasfenstern. Wie die Sonne, das Herz der Welt, in ihrem Laufe das Licht ausstrahlt und durch dieses ihre Kräfte über die Erde ausgießt, so setzt das Herz unseres Körpers durch das ihm eigentümliche Schlagen das in seiner Nähe befindliche Blut in Bewegung und verbreitet dadurch die Lebensgeister durch den ganzen Körper. Mittels dieser strahlt er die Lichtfunken in alle Glieder, besonders aber in die

---

[94] Vgl. Clarke / Dewhurst (1973) S.71

[95] Vgl. Ficino (1994) S.319

[96] Vgl. Ficino (1994) S.331

Demnach wäre die Liebe in der Auffassung der frühen Neuzeit nichts Anderes als
eine Art Virus, dem man nicht entkommen kann. Was die Therapie angeht, bleibt
Marsilio Ficino seinen Vorgängern treu: Aderlass und Ablenkung.

Die Literatur

Ob bei María de Zayas oder bei Cervantes, diese Liebeskonzeptionen sind allge-
genwärtig. In *La burlada Aminta* beschreibt María de Zayas Jacintos Verliebtheit wie folgt:

y como la hermosura, las galas y el acompañamiento fuesen para
mirar, puso en ella don Jacinto los ojos, con tan atento afecto que no
paró la hermosa vista hasta el alma (¡oh fueza de la hermosura en
pensamiento vicioso!). Empezó don Jacinto a sentirse mal de la herida
que le había dado en el corazón la belleza de Aminta;[98]

In *Aventurarse perdiendo* wird der Prozess der Verliebtheit ähnlich dargestellt:

Llego don Félix a Baeza al tiempo que yo, sobre tarde ocupaba un
balcón, entretenida en mis pensamientos, y siendo forsozo haber de
pasar por delante de mi casa, por ser la suya en la misma calle, pude,
dexando mis imaginaciones (que con ellas fuera imposible) poner los

---

[97] Vgl. Ficino (1994) S.321ff

[98] Vgl. Zayas (2000) S.216

> ojos en las galas, criados y gentil presencia, y deteniéndome en ella
> más de lo justo, vi tal gallardía en él, que querértela significar fuera
> alargar esta historia y mi tormento. (...) Miró don Félix al balcón,
> viendo que sólo mis ojos hacían fiesta a su venida. Y hallado amor
> ocasión y tiempo, executó en el golpe de su dorada saeta, que en mi
> ya era excusado su trabajo por tenerle hecho.[99]

Wenn man die oben genannte Liebeskonzeptionen der Renaissance berücksichtigt, nimmt die Redewendung *poner los ojos* plötzlich eine andere Bedeutung an. Hier ist klar zu erkennen, dass die Liebe sich wie eine Krankheit verbreitet: der Blickkontakt infiziert die Seelen der Liebenden.

Cervantes verwendet diese Redewendung ebenfalls im Zusammenhang mit der Liebe. In *el amante liberal* erklärt Ricardo, dass die Frau, in die er sich verliebt hat, einen anderen liebt:

> ella, que tenía puestos los ojos en Cornelio (...) no quiso ponerlos en
> mi rostro (...).[100]

Aufgrund dieser nicht erwiderten Liebe leidet er an einem Zustand, der sehr an die Symptome der Liebeskrankheit erinnert.

> ... ésa es, que no la perdida libertad, por quien mis ojos han
> derramado, derraman y derramarán l'grimas sin cuento, y la por quien
> mis sospiros encienden el aire, cerca y lejos, y la por quien mis razones
> cansan al cielo que las escucha y a los oídos que las oyen; esa es por
> quien tú me has juzgado por loco o, por lo menos, por de poco valor y
> menos ánimo; esta Leonisa (...) es la que que me tiene en esta
> miserable estado.[101]

Diese cervantinische Liebeskrankheit wird außerdem dem Intellekt zugeordnet, was der Lokalisierung der Seele im Gehirn entspricht:

> (...) desde mis tiernos años, o a lo menos desde que tuve usó de razón,
> no sólo la amé, mas la adoré (...).[102]

Die Drei-Kammer-Theorie ist auch bei *la fuerza de la sangre* herauszulesen:

---

[99] Vgl. Zayas (2000)

[100] Vgl. Cervantes (2007) Band I, S.142ff

[101] Vgl. Cervantes (2007) Band I, S.142

[102] Vgl. Cervantes (2007) Band I, S.142

> Pero la mucha hermosura del rostro que había visto Rodolpho, que era
> el de Leocadia, que así quieren que se llamase la hija del hidalgo, co-
> menzó de tal manera a imprimírsele en la memoria, que le llevó tras sí
> la voluntad y despertó en él un deseo de gozarla a pesar de todos los
> inconvenientes que sucederle pudiesen.103

In der petrarkistischen Liebesdichtung des Mittelalters wurde die Frau als
„keusch, schweigsam und gattentreu[104]" dargestellt. Die Beschreibung passt
ebenso auf die weiblichen Figuren von Cervantes. Die Jungfräulichkeit spielt bei
Cervantes eine große Rolle, denn nur solange die Frau sie wie ein Juwel bewahrt,
bleibt sie begehrenswert. In *la fuerza de la sangre* wird Rodolfo von der Liebeskrankheit geheilt, indem er sie entjungfert.

> Ciego de la luz del entendimiento , a escuras robó la mejor prenda de
> Leocadia; y como los pecados de la sensualidad por la mayor parte no
> tiran más allá la barra del término del cumplimiento dellos, quisiera
> luego Rodolfo que allí desapareciera Leocadia, y le vino a la
> imaginación de ponella en la calle así desmayada como estaba.[105]

Der Geschlechtsverkehr als Heilmittel ist bei Zayas jedoch unwirksam. Im Gegenteil scheint er diese Liebe zu verstärken. Auch nachdem Don Félix und Jacinta
sich in *Aventurarse perdiendo* körperlich geliebt haben, bleiben sie verliebt. Wie
Jacinta es beschreibt, ist die körperliche Liebe von der seelischen nicht zu trennen.

> Y para este tiempo llevaba también mi esposo, librado el desengaño
> de su amor y la satisfación de mis celos, porque como un hombre no
> tiene más de un cuerpo y un alma, aunque tenga muchos deseos, no
> puede acudir a lo uno sin hacer falta a lo otro (...).[106]

Bei Cervantes ist die körperliche Leidenschaft eine Krankheit, die mit dem Geschlechtsverkehr geheilt werden kann. Cervantes befindet sich dementsprechend
im Einklang mit den philosophischen und medizinischen Meinungen seiner Zeit.
In *la gitanilla, la ilustre fregona* oder *el amante liberal* sind die Frauen immer das
Schönheitsideal und es ist nie die Rede von Geschlechtsverkehr. Diese Novellen
zeichnen demnach die reine Liebe im platonischen Sinne. Die Liebe ist die Kraft,

---

[103] Vgl. Cervantes (2007) Band II, S.78

[104] Vgl. Leopold (2006) S.177

[105] Vgl. Cervantes (2007) Band II, S.79

[106] Vgl. Zayas (2000)

die den Menschen zur Schönheit treibt. Diese Liebe unterscheidet sich von der Leidenschaft, die in *la fuerza de la sangre* negativ dargestellt ist. Bei María de Zayas ist eine ähnliche Denkweise zu erkennen, aber der Standpunkt ist ein anderer. María de Zayas konzentriert sich auf die körperliche Leidenschaft. Die Schwerpunkte der Autoren laufen auseinander, allerdings verändert sich dementsprechend das Schicksal der Liebenden. Dies lässt nur eine Schlussfolgerung zu: Beide Autoren werden auf der gleichen Weise von der erotischen Binarität (Körper und Seele) geprägt. In den *novelas ejemplares* wird nämlich die reine platonische Liebe dargestellt; der Abschluss ist dementsprechend positiv. Indem Zayas körperliche Leidenschaft mit tragischem Ende verbindet, bezeugt sie ihre literarische Verwandtschaft mit Cervantes und anderen Autoren ihrer Zeit.

Die Frau in der Gesellschaft

Um die Liebe und die Sexualität in der Literatur zu untersuchen, ist es notwendig, die Beziehungen zwischen Männern und Frauen näher zu erläutern. In der patriarchalen Gesellschaft der frühen Neuzeit gilt die Frau als minderwertig gegenüber dem Mann. Die Beziehung zwischen ihnen gleicht dementsprechend einem Machtverhältnis. Die Fragen, die sich hierbei aufdrängen, sind unter anderem, wie dieses Verhältnis in der Literatur dargestellt wird und inwiefern das Geschlecht des Autors bei dieser Darstellung eine Rolle spielt.

Das Bild der Frau

Im 17. Jahrhundert ist die vorherrschende Meinung über die Frau widersprüchlich. Einerseits wird sie von der katholischen Kirche als Person anerkannt[107], was impliziert, dass sie eine Seele hat. Somit befindet sie sich auf einer Stufe mit dem Mann. Andererseits verlangt die Hierarchie der patriarchalen Gesellschaft, dass die Frau dem Mann untersteht. Wie kann man gleichzeitig behaupten, dass alle Menschen vor Gott gleichgestellt sind und glauben, dass ein Geschlecht dem anderen überlegen ist?

Eine erste Antwort auf diese Frage ist auf die Bibel zurückzuführen, denn sie beinhaltet den gleichen Widerspruch. In der Schöpfungsgeschichte werden Mann und Frau beide als Mensch (*homine*) bezeichnet, was auf eine Gleichstellung hinweist:

> Und Gott schuf den Menschen zu seinem Bilde, zum Bilde Gottes schuf er ihn; und schuf sie als Mann und Frau.[108]

Allerdings wird in dem folgenden Kapitel erläutert, dass Gott dem Menschen eine Hilfe zur Seite stellt:

> 18 Und Gott der Herr sprach: es ist nicht gut, dass der Mensch allein sei; ich will ihm eine Gehilfin machen, die um ihn sei. (...) 21 Da ließ Gott der Herr einen tiefen Schlaf fallen auf den Menschen, und er schlief ein. Und er nahm eine seiner Rippen und schloss die Stelle mit Fleisch. 22 Und Gott der Herr baute eine Frau aus der Rippe, die er von dem Menschen nahm, und brachte sie zu ihm. 23 Da sprach der Mensch: Das

---

[107] Vgl. Vigil (1986) S.11

[108] Vgl. Genesis 1.27

ist doch Bein von meinem Bein und Fleisch von meinem Fleisch; man
wird sie Männin nennen, weil sie vom Manne genommen ist.[109]

Indem Gott die Frau aus der Rippe des Menschen erschafft und ihm die Macht gibt, seine Hilfe selbst zu benennen, unterstellt Gott die Frau dem Mann. Es handelt sich hierbei nur um eine mögliche Interpretation der heiligen Schrift. Jedoch kann diese dazu beitragen, die Ungleichheit zwischen Männern und Frauen in der Gesellschaft des 17. Jahrhundert zu erklären.

Die Theologie ist nicht die einzige Disziplin, die diese Minderwertigkeit der Frauen zu erklären versucht. Auch die Medizin, besonders die schon erwähnte Vier-Säfte-Lehre, unterstützt den Glauben an die geschlechtliche Ungleichheit. Es hieß, dass die männlichen Kinder durch warmen und trockenen Samen gezeugt werden, während der die Mädchen zeugende Samen eher kalt und feucht ist. Dies habe zur Folge, dass Jungen viel stärker sind und viel schneller im Mutterschoß gebildet werden[110].

Diese Ungleichheit zwischen Mädchen und Jungen innerhalb der Familie wird zum Beispiel von Cervantes in *las dos doncellas* dargestellt:

> mis padres son nobles y más que medianamente ricos, los cuales
> tuvieron un hijo y una hija: él para descanso y honra suya y ella para
> todo lo contrario. A él enviaron a estudiar a Salamanca; a mí me tenían
> en su casa, adonde me criaban con el recogimiento y recato que su
> virtud y nobleza pedían (...)[111]

Ein Mädchen zu bekommen stellte eine Gefahr für den Familienbesitz dar. Während ein Junge den Reichtum der Familie verstärken kann, muss eine Tochter ernährt und gekleidet werden, ohne Aussicht auf eine Rückzahlung. Ganz im Gegenteil mussten die Eltern der Braut bei der unausweichlichen Hochzeit eine hohe Mitgift an den Ehemann bezahlen. Weibliche Nachkommen bedeuteten für eine Familie einen hohen wirtschaftlichen Verlust[112], der zumindest erklären könnte, warum die Frau in der Gesellschaft so negativ wahrgenommen wird.

Natur und Funktionen der Frauen

---

[109] Vgl. Genesis 2.18-23

[110] Vgl. King, 36

[111] Vgl. Cervantes (2007) Bd II, S.206

[112] Vgl. King (1993) S.37ff

Die Frauen haben in den vorherrschenden Konzepten des 17. Jahrhunderts immer zwei Seiten. Einerseits sind sie schamhaft, barmherzig und freigebig:

En cuanto a la vergüenza, es porque las vista de honestidad y por temor de no ser aceptadas o honradas tanto como desean. La piedad se debe a que ellas han los corazones tiernios y blandospor lo cual no pueden soportar ninguna dureza [...] Respecto a la obsequiosidad, quiere decir que ellas son de gracioso e consolativo servicio. Este obsequio e consolativo servicio se halla en ellas en tres maneras: la una por devoción a Dios; la otra por compación de próximo, e la tercera por dileción a su casa. También han de ser obsequiosas porque ellas están para proporcionar servicios domésticos.[113]

Durch diese Eigenschaften erscheinen Frauen als perfekte Dienerinnen des Mannes. Allerdings haben sie mit ihrer Natur zu kämpfen. Während die Männer einen starken Intellekt besitzen, folgen die Frauen ihrem niedrigen Instinkt. So werden sie zumindest im Siglo de Oro wahrgenommen. Sie leben im Exzess und kennen kein Maß. Sie sind stur, redselig und wechselhaft[114]. Alle diese negativen Eigenschaften beruhen auf dem Glauben, dass Frauen weniger intelligent sind als die Männer.

Die Rolle der Frau in der Gesellschaft

Während die Männer eine Vielzahl gesellschaftlichen Rollen ausüben können, wird die Frau allein durch ihren Platz in der Familie definiert. In der spanischen Kultur des 17. Jahrhundert ist sie entweder Tochter, Ehefrau, Witwe oder Nonne. Alles andere verstößt gegen jegliche Moralvorstellung.

Die Doncella

Die Frau erhält den Status der *Doncella* ungefähr mit dem zehnten Lebensjahr. Er dauert bis zu dem Zeitpunkt an, zu dem sie heiratet[115].

---

[113] Vgl. Vigil (1986) S.13

[114] Vgl. Vigil (1986) S.14

[115] Vgl. Vigil (1986) S.18

Die Jungfräulichkeit

Die Frau wurde während dieser Zeit durch ihre Jungfräulichkeit definiert. Ihre Unschuld lag in der Verantwortung der Eltern. Diese hatten dafür zu sorgen, dass sie auf keinen Fall ohne wichtigen Grund aus dem Haus ging[116].

Während dies bei Cervantes selbstverständlich und unproblematisch erscheint, ist die Bewahrung der Jungfräulichkeit bei Zayas eine unerschöpfliche Quelle von Konflikten zwischen Männern und Frauen innerhalb der Familie. Die Reaktion von Jacintas Vater in *Aventurarse perdiendo*, als er von ihrem Verhältnis mit Félix erfährt, zeigt, wie ernst solche Angelegenheiten genommen werden:

> Esto pasaba por mí, mientras mi padre, ofendido de acción tan escandalosa como haberme salido de su casa, si bien lo fuera más si yo aguardara su furia, pues por lo menos me costara la vida, remitió su venganza a sus manos, acción noble, sin querer por la justicia hacer ninguna diligencia, ni más alboroto ni más sentimiento, que si no le hubiera faltado la mejor joya de su casa y la mejor prenda de su honra. Y con este propósito honrado, puso espías a don Félix, de suerte que hasta sus intentos no se encubrían. Y antes de muchos días halló la ocasión que buscaba, aunque con tan poca suerte como las demás, por estar hasta entonces la fortuna de parte de don Félix. [...] apenas puso los pies en la calle cuando dieron con él mi padre y hermano, las espadas desnudas, que hechos vigilantes espías de su opinión, no dormían sino a las puertas del convento. Era mi hermano atrevido cuanto don Félix prudente, causa para que a la primera ida y venida de las espadas, le atravesó don Félix la suya por el pecho, y sin tener lugar ni aun de llamar a Dios, cayó en el suelo de todo punto muerto.[117]

Wie in diesem Ausschnitt zu lesen, erlitt die Ehre der Familie eine doppelte Beleidigung, die mit dem Tod zu bestrafen ist. So ist zumindest die Meinung des Vaters. Er stellt Jacintas Flucht aus dem Familienhaus und ihre uneheliche Beziehung zu Felix gleich. Damit wird angedeutet, dass schon das unerlaubte Verlassen des Hauses für eine Frau als sexuelles Verbrechen gilt. Bei María de Zayas unterstehen alle dort beschriebenen *Doncellas* der männlichen Herrschaft innerhalb der Familie. Väter und Brüder kontrollieren ihr Leben und somit ihre Ausflüge und ihren Freundeskreis[118]. Indem Jacinta das Haus verlässt und sich in eine geheime

---

[116] Vgl. Vigil (1986) S.21

[117] Vgl. Zayas (2000)

[118] Vgl. Pérez-Erdélyi (1977) S.60

Liebesbeziehung begibt, befreit sie sich aus der Kontrolle seitens ihrer Familie. Der Verlust der Jungfräulichkeit erscheint unter diesen Voraussetzungen sekundär. Der eigentliche Grund, warum die Männer sich schämen, liegt in ihrem Scheitern bei der Kontrolle ihrer Tochter bzw. Schwester.

Die Bildung

Es herrschte die Meinung, dass Bildung Frauen zur Unkeuschheit und zu unanständigem Verhalten führen würde. Jedoch stellen sich einige Theoretiker des 16. Jahrhundert wie z.B. Vives gegen die traditionelle Meinung und plädierten für eine Bildung der Frauen. Für ihn ist die Unkeuschheit der Frau auf ihre Unwissenheit zurückzuführen. In Vives findet sich aber kein frühneuzeitlicher Feminist. Für ihn soll die Bildung lediglich ein weiteres Mittel sein, um Frauen auf das Eheleben vorzubereiten. So sollen sie zum Beispiel in Latein ausgebildet werden, damit sie religiöse Texte lesen können[119]:

> sus estudios deberán ser en aquellas letras que forman las costumbres a la virtud; los estudios de la sabiduría que enseñan la mejor y más santa manera de vivir.[120]

Andere Lektüren sollen von ihnen ferngehalten werden:

> Libros que no tratan de otro sujeto que de armas y amores. De estos libros pienso que na hay más que decir, si hablo entre cristianos. [...] estos libros se escriben para los ociosos.[121]

Das Lesen ist aber nicht das einzige, was nach Vives eine *Doncella* zu lernen hat. Das Bearbeiten der Wolle und der Leinen spielt ebenfalls eine wichtige Rolle:

> Aprenderá, pues, la muchacha, al mismo tiempo que las letras, a traer en sus manos la lana y el lino, dos artes que aquella famosa edad dorada y aquel siglo innocuo enseñaron a la posteridad, convenientísimas a la economía doméstica, conservadoras de la frugalidad, de la cual conviene sobre manera que sean las mujeres curiosas guardadoras.[122]

---

[119] Vgl. Gramatzki (2006) S.31

[120] Vgl. Vives (1947) S.1000

[121] Vgl. Vives (1947) S.1002

[122] Vgl. Vives (1947) S.992

Der soziale Stand der Frau ist für Vives irrelevant. Alle Frauen haben das Gleiche zu lernen:

> Pero a mí no me agrada que la mujer ignore aquellas artes en que se ocupan las manos, aun cuando fuera princesa o reina.[123]

In *la esclava de su amante* fasst María de Zayas die typische Erziehung der *Doncella* zusammen:

> Criéme hasta llegar a los doce años entre las caricias y regalos de mis padres; que, claro es que no habiendo tenido otro de su matrimonio, serían muchos, enseñándome entre ellos las cosas más importantes a mi calidad. Ya se entenderá, tras las virtudes que forman una persona virtuosamente cristiana, los ejercicios honestos de leer, escribir, tañer y danzar, con todo lo demás competentes a una persona de mis prendas (...)[124]

Demnach wird von einer *Doncella* erwartet, dass sie lesen, schreiben, tanzen und Musik spielen kann. Mit „*todo le demás competentes*" sind die damals allgemein bekannten Aufgaben der Frauen gemeint, nämlich nähen, spinnen, kochen oder stricken[125]. Diese Erziehung soll sie für das Eheleben vorbereiten.

Die Ehefrau

Für die Frau stellt das Heiraten das Ende ihres Daseins als *Doncella* dar, und somit den Zugang zu einem anderen sozialen Status. Dieser neue soziale Stand bedeutet für die Frau jedoch keineswegs eine grundlegende Veränderung. Weiterhin bleibt sie im Innenraum. Mit der Hochzeit wird lediglich die Kontrolle von den Eltern an den Ehemann übertragen. Wie sie im Haus ihrer Eltern festgehalten wurde, so wird sie im Haus ihres Ehemanns weiterleben. Der Status der Ehefrau ist vergleichbar mit einem Beruf, den man ergreift:

> el matrimonio es un oficio, como el de mercader o el de soldado. Este oficio consiste en cuidar de la casa , trabajando en ella para el autoconsumo, ayudando a acrecentar la hacienda del marido.[126]

---

[123] Vgl. Vives (1947) S.992ff

[124] Vgl. Zayas (1983)

[125] Vgl. Vigil (1986) S.50

[126] Vgl. Vigil (1986) S.105

Ob sie ihren Mann liebt oder nicht ist irrelevant. So wie alles, was sie betrifft, wird der Ehemann letztendlich von der Familie auserwählt. Durch die Erziehung, die sie als *Doncella* bekommen hat, ist sie in der Lage, das zu tun, was von ihr erwartet wird. Sie soll zu einer Art Spiegelbild ihres Mannes werden. Eine Ehefrau hat keine eigene Persönlichkeit. Sie soll einfach die Persönlichkeit ihres Mannes reflektieren[127]. Die Hochzeit bedeutet also für die Frau mehr als nur den Verlust ihrer Jungfräulichkeit. Sie gibt vielmehr ihre eigene Identität auf.

Der Geschlechtsverkehr

Der Geschlechtsverkehr ist nicht, wie man es in einer streng katholischen Gesellschaft erwarten könnte, typisch für verheiratete Paare. Es gibt zu dieser Zeit einen klaren Unterschied zwischen Geliebter und Ehefrau: der Mann unterhält mit seiner Geliebten eine sehr tiefe und spirituelle Beziehung, die durch den Geschlechtsverkehr entsteht. Die Ehefrau dient nur zur Fortpflanzung[128]. Sexuelles Vergnügen ist in der Beziehung zwischen Ehemann und Ehefrau nicht zu erwarten.

Vives erklärt, dass die Ehefrau durch drei Eigenschaften charakterisiert wird: Keuschheit, die Liebe zu ihrem Mann und ihre Fähigkeit, das Haus zu leiten. In seiner Moral ist nachzulesen, dass:

> ... el nombre de esposa es título de dignidad, no de placer. De la misma suerte, el nombre de marido es título de deudo, de unión, no de carnalidad, [...][129]

Damit der Geschlechtsverkehr innerhalb der Ehegemeinschaft so wenig Vergnügen wie möglich verursacht, wird er von der Kirche streng geregelt. Er darf nicht zu oft stattfinden und nur außerhalb bestimmter Zeiten. Untersagt ist er zum Beispiel am Sonntag und in der Fastenzeit, aber auch während der Menstruation, der Schwangerschaft und der Stillzeit[130]. Die Art und Weise, wie dies geschehen soll, wird ebenfalls dem Ehepaar vorgeschrieben: nur der Verkehr mit den Zeugungsorganen sind erlaubt. Gegenseitige Masturbation, Oral- und Analverkehr sind Todsünden, die dem Priester zu beichten sind. Für solche „Verbrechen" ist der Mann genauso verantwortlich wie die Frau. Jedoch muss festgestellt werden, dass

---

[127] Vgl. Jordan (1992) S.145

[128] Vgl. Jordan (1992) S.145

[129] Vgl. Vives (1947) S.1110

[130] Vgl. King (1993) S.54ff

in Wirklichkeit meistens der Frau die Schuld gegeben wurde. Dies liegt hauptsächlich an dem Bild der Frau, das von Theologen, Ärzten, Philosophen und Dichtern verbreitet wurde. Für sie war die Frau von einem unersättlichen Sexualappetit gesteuert[131]. Der Mann hat keine andere Wahl, als den Verführungskünsten seiner Frau nachzugeben, wenn er den Frieden in seinem Haushalt bewahren will.

Moralische Modelle und Realität

Im 17. Jahrhundert ist ein Wechsel im Vergleich zu den früheren Epochen zu bemerken. Die moralischen Modelle galten zwar weiterhin, jedoch wurde die Anzahl von Frauen, die sich daran hielten, immer geringer. Immer mehr Frauen wurden allein auf der Straße gesehen, was sich mit der Vorstellung der damaligen Moralisten nicht vereinbaren ließ. Dies wird u.a. durch die Berichte ausländischer Touristen in Madrid bestätigt. Da man nur die sich draußen befindenden Frauen wahrnimmt, ist das Verhältnis zwischen den zu Hause zurückgezogen lebenden Frauen und den anderen schwierig einzuschätzen[132].

Innerhalb der Gesellschaft wurden die moralischen Modelle nicht länger angewendet. Würden die Väter ihre Töchter so erziehen, wie die Moralisten es verlangen, hätten sie große Schwierigkeiten, sie zu verheiraten[133]. Immer öfter gestatteten es Männer ihren Frauen, sich frei zu bewegen, um den Frieden in der Familie zu bewahren[134].

Diese „unmoralischen" Frauen waren entweder Damen des Hochadels, deren Ruf so fest etabliert war, dass die Freiheit ihm nicht mehr schaden konnte; oder sie standen in der Hierarchie so tief, dass sie sowieso keinen Ruf zu verlieren hatten[135]. Dies ist wahrscheinlich der Fall bei Cervantes' *gitanilla*. Dadurch, dass er eine Zigeunerin zur Heldin seiner Novelle machte, gelingt es ihm, gleichzeitig die Realität zu schildern und die Moral zu respektieren.

Die räumliche Darstellung bei Cervantes und María de Zayas

El Celoso Extremeño

---

[131] Vgl. King (1993) S.55

[132] Vgl. Vigil (1986) S.30

[133] Vgl. Vigil (1986) S.24

[134] Vgl. Vigil (1986) S.32

[135] Vgl. Vigil (1986) S.30

Die Novelle, in der die Trennung zwischen Innen- und Außenraum am besten erläutert wird, ist zweifellos *el celoso extremeño* von Cervantes.

Nach zwanzig Jahren in der neuen Welt kehrt Carrizales nach Spanien zurück und heiratet die dreizehnjährige Leonora. Er ist jedoch so eifersüchtig, dass er sie in seinem Haus einsperrt. Diese Eifersucht ist so überspitzt, dass sie fast als Karikatur gelten könnte. Die eigentliche Handlung der Novelle liegt in Loaysas Versuch, die Grenze des Innenraums zu betreten. Er handelt jedoch nicht aus Liebe, wie zum Beispiel Romeo und Julia, die die Grenzen ihrer Familienfeindschaft überschreiten. Loaysa wird allein von der Neugier motiviert, was seinen Mangel an Moral bezeugt. Ein anderes Verhalten wäre von Leoysa nicht zu erwarten, da er im Grunde die Personifizierung des Außenraums ist. Im Laufe der Geschichte gelingt es ihm, das Haus zu betreten und mithilfe der Anstandsdame Marialonso, ins Bett von Leonora zu gelangen. Als Carrizales seine Frau mit ihrem Liebhaber findet, erkrankt er aus Eifersucht und stirbt innerhalb von sieben Tagen. Testamentarisch verlangt er, dass seine Frau Loaysa heiratet. Diese lehnt jedoch ab und zieht sich in eines der strengsten Konvente zurück, während Loaysa sich auf den Weg nach Indien begibt.

El Celoso extremeño und la burlada Aminta.

Diese Geschichte ist nicht ohne Ähnlichkeiten mit Zayas' Novelle *La burlada Aminta*. Nach dem Tod ihres Vaters wird Aminta zu ihrem Onkel geschickt. Dieser sieht in ihr die perfekte Ehefrau für seinen Sohn. Bis zur Hochzeit mit ihrem Cousin lebt sie keusch und zurückgezogen im Haus ihres Onkels in Segovia. Als Don Jacinto mit seiner Geliebten Flora in der Stadt ankommt, wird er von Amintas Schönheit überwältigt und verliebt sich auf der Stelle. Mit Floras Hilfe, die sich als seine Schwester ausgibt, gelingt es ihm, Aminta zu verführen und zu heiraten. Er versteckt sie bei Doña Luisa und flieht mit Flora. Als Aminta erfährt, dass Don Jacinto in Wirklichkeit Don Francisco heißt, Flora nicht seine Schwester und er schon mit einer anderen Frau verheiratet ist, fürchtet sie um ihre Ehre. Als Mann verkleidet und begleitet von Don Martin, Doña Luisas Sohn, begibt sie sich auf die Suche nach ihrem treulosen Mann und seiner Geliebten. Als sie das Paar findet, ermordet sie beide, um ihre Ehre wieder zu erlangen. Sie heiratet Don Martín und nimmt den Namen „Vitoria" an.

Zwischen beiden Geschichten existieren zahlreiche Parallelen. Als erstes sind Aminta und Leonora um die 14 Jahre alt, als sie verheiratet werden sollen. Die Vormundschaft Amintas wird am Anfang der Geschichte von ihrem sterbenden

Vater an ihren Onkel testamentarisch übertragen. Auf die gleiche Weise wird Leonora am Ende des *celoso* durch ihren sterbenden Mann Loaysa versprochen. Loaysa und Don Jacinto, die beiden männlichen Helden der Novellen, haben beide Hilfe von einer Frau im Innenraum, bei ihren jeweiligen Versuchen die Grenze zu überschreiten: Marialonso im *celoso* und Doña Elena in *Aminta*. Beide werden dafür bestraft:

> Lloraron todos tan amargamente, que obligaron y aun forzaron a que en ellas les acompañase el escribano que hacía el testament, en el cual dejó de comer a todas las criadas de casa, horras las esclavas y el negro, y a la falsa de Marialonso no le mandó otra cosa que la paga de su salario.[136]

Die Strafe von Doña Elena ist viel schlimmer, denn sie muss ihren Fehler mit ihrem Leben bezahlen:

> Estando hablando con ella y contándole lo que pasaba, [don Jacinto] le apuntó al corazón un pistolete, con que, sin poder llamar a Dios ni manifestarle sus pecados, rindió el alma y llevó el merecido premio de lo que había hecho.[137]

Es ist zu bemerken, dass die sich die Schwere der Strafen umgekehrt proportional zum Sympathiegrad der beiden Frauen verhält. Doña Elena wird als naiv dargestellt. Ihre Motivation ist einzig das Wohl Amintas. Marialonso dagegen scheint selbstsüchtig und egoistisch zu sein.

---

[136] Vgl. Cervantes (2007) Bd II, S.135
[137] Vgl. Zayas (2000) S. 229

Der Innenraum

Im *Celoso extremeño* wird alles Männliche aus dem Haus entfernt. Dies betrifft auch die Tiere, die das Haus bewohnen:

> Dígame [...] qué más prevenciones para su seguridad podía haber hecho el anciano Felipo, pues aun no consintió que dentro de su casa hubiese algún animal que fuese varón. A los ratones della jamás los persiguió gato, ni en ella se oyó ladrido de perro; todos eran del género femenino[138].

Der Innenraum in *la burlada Aminta* ist nicht so abgegrenzt wie bei Cervantes. Im Gegensatz zu Leonora wird Aminta mehrfach als frei bezeichnet:

> Mientras el desposado venía, pasaba Aminta una vida alegre, libre y regalada, tanto que, gozando al lado de su tía de todas las fiestas y holguras de la ciudad, a poco meses olvidó la pena de la muerte de su padre [...][139]

Es handelt sich hierbei nur um eine „Scheinfreiheit". Unter der ständigen Überwachung ihrer Tante darf Aminta das Haus ebenso wenig verlassen wie Leonora. Dieses Verhältnis zwischen dem Schein und der Wirklichkeit wird sogar ein paar Zeilen weiter erläutert:

> ... y siempre se ve cautivo el libre, enfermo el sano y vencido el valiente [...][140]

Bei Cervantes werden die Fenster zugemauert, so dass keine Kommunikation zwischen Innenraum und Außenraum möglich ist. Es sei daran erinnert, dass das Fenster eine große Rolle in der Verbreitung der Liebeskrankheit spielt. Carrizales selbst wurde von Leonoras Schönheit überwältigt, als er sie hinter ihrem Fenster sah.

Bei Zayas werden die Fenster nicht zugemauert, denn die Abwehrhaltung gegen die Liebeskrankheit kommt von Aminta selbst:

---

[138] Vgl. Cervantes (2007) Bd II, S.106

[139] Vgl. Zayas (2000) S. 215

[140] Vgl. Zayas (2000) S. 215ff

<blockquote>

… siendo su vista para los miserables, que defraudados de gozarla, no se hallaban sino cargados de penas y amorosos deseos, un basilisco que mataba sin dar esperanzas de vida, y con saber que esto era sin remedio, no desmayabann y volvían atrás a su pretensión, condición de amor. Las músicas eran continuas, los paseos ordinarios y los galanes sin cuenta, pareciendo su calle en siendo de noche, los montes de Arcadia o las selvas de amor: aquí sonaban suspiros y acullá instrumentos, sin que jamás Aminta lo escuchase.[141]

</blockquote>

Die Grenzen um den Innenraum sind also bei Zayas und Cervantes dieselben. Bei Cervantes sind diese Grenzen topologisch sichtbar und entsprechen in diesem Fall der Mauer des Hauses. Bei María de Zayas sind diese Grenzen abstrakter Natur. Durch ihre Erziehung kennt die Frau selbst die Grenzen, die sie nicht überschreiten darf.

Der Außenraum

Außerhalb des Hauses Carrizales befindet sich die männliche Welt. Sie wird logischerweise als das Gegenteil des Innenraums dargestellt. Wenn der Innenraum weiblich geprägt ist, wirkt der Außenraum zwangsläufig männlich. Während das Haus als ein Ort der Moral, der Keuschheit und der Ehre beschrieben wird, ist die Stadt Sevilla vom Mangel an Moral geprägt[142]:

<blockquote>

Hay en Sevilla un género de gente ociosa y holgazana, a quien comúnmente suelen llamar gente de barrio. Estos son los hijos de vecino de cada colación, y de los más ricos della; gente baldía, atildada y meliflua, de la cual y de su traje y manera de vivir, de su condición y de las leyes que guardan entre sí, había mucho que decir; pero por buenos respectos se deja[143].

</blockquote>

Loaysa ist in gewisser Weise die personifizierte Darstellung des Außenraums. Er ist ein Mann und sein Mangel an Moral wird durch seine Absichten klar. Dies gilt auch für Don Jacinto in *la burlada Aminta*. Aufgrund seines „unmoralischen“ Umgangs mit dem weiblichen Geschlecht ist seine Frau zu ihren Eltern zurückgekehrt. Seitdem wird er von seiner Geliebten begleitet, die er als seine Schwester ausgibt:

---

[141] Vgl. Zayas (2000) S. 215

[142] Vgl. Weich (2006) S.224

[143] Vgl. Cervantes (2007) Bd II, S.106ff

> Traíala don Jacinto en su compañía a título de hermana, y de esta
> suerte le acompañaba siempre, dejando por su causa de hacer vida
> con su legítima mujer, que era tan desdichada como hermosa, y como
> bella, noble y entendida; la cual cansada de sufrir las libertades de don
> Jacinto, se estaba en casa de sus padres que residían en Madrid.[144]

Die Übergangszone

Cervantes verwendet den Hof des Grundstücks als Übergangzone. Er liegt zwischen dem Haus und der Stadt und dient als Grenze zwischen Männlichkeit und Weiblichkeit. Diese Zone selbst ist sexuell neutral. Sie wird von einem Eunuchen namens Luis bewacht, der bekanntlich weder als männlich noch als weiblich interpretiert werden kann. Die Aufgabe dieses Eunuchen ist es, dafür zu sorgen, dass das Männliche im Außenraum und das Weibliche im Innenraum bleiben. Zusätzlich soll er sich um ein Maultier kümmern. Die Anwesenheit dieses Tieres verstärkt noch die asexuelle Konnotation dieser Grauzone, da Maultiere zu den wenigen Tieren gehören, die sich nicht fortpflanzen können[145].

Die Kirche

In beiden Novellen bietet die Messe in der Kirche die einzige Möglichkeit für die Frau, sich mit Menschen aus der Außenwelt zu unterhalten. Carrizales begibt sich mit seiner Frau früh morgens dorthin, so dass sie niemanden treffen können. Diese morgigen Ausflüge bieten Leonoras Eltern die einzige Möglichkeit, sich mit ihrer Tochter zu unterhalten:

> Prometióles [...] que los días de fiesta, todos, sin faltar ninguno, irían a
> oír misa; pero tan de mañana, que apenas tuviese la luz lugar de verlas.
> [...]
>
> Los días que iba a misa, que, como está dicho, era entre dos luces,
> venían sus padres, y en la iglesia hablaban a su hija, delante de su
> marido [...].[146]

Dies wird von María de Zayas in *la burlada Aminta* aufgegriffen. Don Jacinto wird von Amintas Schönheit überwältigt, als er das Kloster besucht, das Aminta

---

[144] Vgl. Zayas (2000) S. 216

[145] Vgl. Weich (2006) S.227

[146] Vgl. Cervantes (2007) Bd II, S.105

und ihre Tante regelmäßig aufsuchen. Ebenfalls in der Kirche trifft sich Flora mit Aminta, um ihre Freundschaft zu gewinnen.

Die Kirche stellt also eine Ausnahme dar. Sie ist ein Ort der Neutralität. Sie gehört weder zum Innen- noch zum Außenraum. Sie ist die erlaubte Verbindungsstelle zwischen den Räumen.

Das Überschreiten der Grenzen

Das Überschreiten der Grenzen ist in beiden Novellen ein wichtiger Teil der Handlung. Allerdings kehrt María de Zayas die Richtung des Prozesses gegenüber Cervantes um. Loaysa versucht in den Innenraum einzudringen, während Jacinto versucht, Aminta in den Außenraum zu locken. Diese Tatsache spielt eine wichtige Rolle bei der Interpretation der Geschlechtsidentität der Protagonisten. *El celoso extremeño* handelt von einer Penetration im sexuellen Sinn. Indem das Haus als Symbol des weiblichen Körpers interpretiert wird, gleicht Loaysas Eindringen einer Vergewaltigung. In *la burlada Aminta* wird die Hauptfigur aus dem Innenraum entbunden: Es handelt sich um eine Geburt.

Loaysa

Cervantes verwendet die Begriffe *Virote* und *mozo soltero* um Loaysa zu bezeichnen. *Virote* weist eindeutig auf seine Männlichkeit hin, da es etymologisch auf das lateinische *Vir* (der Mann) zurückzuführen ist[147]. Andererseits bezeichnet *Virote* die nicht zu lösende Kette, die dem flüchtigen und wieder eingefangenen Sklaven angelegt wird[148]. Der Begriff gehört demnach zum lexikalischen Feld der Gefangenschaft. *Mozo* hingegen gehört zum Feld der Freiheit, da es folgendermaßen definiert wird:

> Mozo, se toma algunas veces por el que aún no se ha casado.
> Llamamos mozos y mozas a los que sirven amos, porque para ellos han
> de ser libres, que no dependan de otro y juntamente con fuerzas y
> vigor para servir.[149]

Indem er diese beiden Begriffe miteinander verbindet, wird Loaysa als frei und als gefangen konnotiert. Dadurch gehört Loaysa gleichzeitig zu der Gefangenschaft des Innenraums und zu der Freiheit des Außenraums.

---

[147] Vgl. Weich (2006) S.230

[148] Vgl. Covarrubias (2006) S.1534 links

[149] Vgl. Covarrubias (2006) S.1300 rechts

Der Name, den er trägt, ist ebenfalls verräterisch: Loaysa endet mit dem für weibliche Namen typischen Vokal „a", obwohl sein biologisches Geschlecht eindeutig als männlich beschrieben wird. Auf diese Weise deutet Cervantes an, dass Loaysa in der Lage ist, die Grenzen zwischen den Räumen zu überschreiten.

Don Jacinto.

Der Name von Don Jacinto ist genauso verräterisch wie der von Loaysa. Er erinnert zwangsläufig an Jacinta, die Heldin der vorangegangenen Novelle. Außerdem ist die Hyazinthe eine Blume, die sehr oft mit dem weiblichen Geschlecht in Verbindung gebracht wird. Genauso wie Cervantes stellt María de Zayas durch den Namen ihres Helden eine Verbindung zwischen männlich und weiblich und somit zwischen Innen- und Außenraum her.

Die göttliche Beziehung zwischen Mann und Frau

Carrizales wird auf gewisser Weise mit Gott gleichgestellt[150], indem ihm als Einzigem erlaubt wird, von einem Raum zum anderen zu gelangen. Er steht über dem Verbot und ihm steht es frei, die Grenzen zu überschreiten. Sein Haus wird ständig mit einem Kloster verglichen:

> No se vio monasterio tan cerrado, ni monjas mas recogidas, ni manzanas de oro tan guardadas;[151]

Die Analogie zum Kloster hat eine doppelte Bedeutung. Einerseits bezieht sie sich auf das streng zurückgezogene Leben der Nonne, mit dem Leonoras Leben hier verglichen wird. Andererseits wird eine Kirche, ein Kloster oder jedes andere religiöse Gebäude „das Haus Gottes" genannt. Indem Cervantes das Haus Carrizales als Kloster darstellt, weist er auf die Allmächtigkeit des Besitzers hin. Cervantes drückt hier eine zu dieser Zeit geläufige Meinung aus, dass nämlich die Beziehung zwischen Mann und Frau der gleichen Natur sei, wie die zwischen Mann und Gott. Diese These verbreitet u.a. Vives in seinen Schriften:

> La obedencia feminina le parece una formula para obtener la paz, la armonía y la felicidad familiar. Lega a afirmar que los mandamientos

---

[150] Vgl. Leopold (2006) S.253

[151] Vgl. Cervantes (2007) Bd II, S.106

Auch die Bibel teilt diese Auffassung:

Wenn Carrizales mit Gott gleichgestellt wird, kann Loaysa als der Teufel interpretiert werden. Er ist der eindeutige Gegenpart von Carrizales. Er ist derjenige,
der die Maßnahmen des alten, eifersüchtigen Mannes überlisten kann, so dass
auch ihm ermöglicht wird, die Grenzen zu überschreiten. Dass Cervantes Loaysa
als *„sagaz perturbador del género humano"*[154] bezeichnet, spricht sehr für eine
solche Interpretation.

Die Maskerade

Eine weitere Möglichkeit, die der Frau erlaubt, sich im Außenraum frei zu bewegen ist die Maskerade. Indem sie sich als Mann verkleidet, wird sie auch als Mann
wahrgenommen. Bei Cervantes ist dieses ‚Gender-Switching' in *las dos doncellas*
zu finden.

In dieser Novelle wird Teodosia von Marco Antonio betrogen. Dieser verlässt das
Land, nachdem er gegen ein Heiratsversprechen ihre Jungfräulichkeit geraubt hat.
Um ihre verletzte Ehre zu retten, verkleidet sie sich als Mann und begibt sich auf
die Suche nach dem Betrüger. Unterwegs trifft sie ihren Bruder, der sich ihr anschließt. Als die beiden Geschwister Francisco kennenlernen, stellen sie fest, dass
dieser in Wirklichkeit auch eine als Mann verkleidete Frau ist. Sowohl Teodosia
wie auch Leocadia sind auf der Suche nach dem gleichen Mann und aus demsel-
ben Grund. Als sie Marco Antonio letztendlich finden, wird er verletzt und muss
medizinisch versorgt werden. Als er das Bewusstsein wiedererlangt, fordert Leocadia von ihm, dass er sein Wort hält und sie heiratet. Aufgrund seiner Verletzung
glaubt Marco Antonio nicht, dass er lange überleben wird. Er antwortet ihr, dass

---

[152] Vgl. Vigil (1986) S.93

[153] Vgl. Epheser 5.22-24

[154] Vgl. Cervantes (2007) Bd II, S.106

er sie nicht heiraten kann, denn er ist in Teodosia verliebt. Schließlich wird Teodosia mit Marco Antonio vermählt, während Leocadia Don Rafael, Teodosias Bruder, heiratet.

Diese Geschichte wird in zwei Novellen von Zayas aufgegriffen. Die Struktur der Einführungsszene, in der Teodosia ihre Geschichte erzählt, ist quasi identisch mit der Struktur von *Aventurarse perdiendo*. So wie in *las dos doncellas* fängt die Handlung damit an, dass ein Mann, Fabio, einen jungen Mann trifft, der sich als Frau entpuppt. Daraufhin erzählt sie ihre Geschichte.

Die zweite Novelle von Zayas, die viele Gemeinsamkeiten mit *las dos doncellas* aufweist, ist die schon erwähnte *burlada Aminta*. Nachdem Aminta Don Jacinto geheiratet hat, verschwindet ihr Ehemann mit seiner Geliebten, Flora. Als Aminta klar wird, dass sie betrogen wurde, reagiert sie in der gleichen Weise wie Teodosia. Sie verkleidet sich als Mann und begibt sich auf die Suche nach Don Jacinto mit der Absicht, sich zu rächen.

Durch Teodosias Verkleidung wird ihre Figur in der Erzählung verdoppelt. Sie ist Teodosia einerseits und Teodoro andererseits. Sie wechselt ständig zwischen diesen beiden sexuellen Identitäten hin und her. Ständig springt der Erzähler von einer Identität zur anderen. Beide werden jedoch streng voneinander getrennt. In allen Situationen, in denen sie als Mann wahrgenommen wird, ist nur die Rede von Teodoro:

> Entre tanto que el mozo de mullas ensillaba y el almuerzo venía de camino, que de don Rafael fue conocido luego. Conocíale también Teodoro, y no osó salir del aposento por no ser visto[155].

Wenn Don Rafael sich mit seiner Schwester unterhält, wird sie wieder Teodosia:

> Luego, en saliendo, contó don Rafael a su hermana las nuevas que de Marco Antonio le habían dado [...][156].

Bei ihrem Gespräch mit Leocadia ist Teodoro der starke Mann, der Teodosia verteidigt:

---

[155] Vgl. Cervantes (2007) Bd II, S.211
[156] Vgl. Cervantes (2007) Bd II, S.212

<blockquote>
¿Pues qué culpa tiene Teodosia – dijo Teodoro – si ella quizá también fue engañada de Marco Antonio, como vos, señora Leocadia, lo habéis sido?[157]
</blockquote>

Wenn sie jedoch persönlich angegriffen wird, trägt die Tatsache, dass sie wieder als Teodosia erscheint, dazu bei, ihre steigende Wut auszudrücken:

<blockquote>
Podía ser que os engañásedes – replicó Teodosia –, que yo conozco muy bien a esa enemiga vuestra que decís y sé de su condición y recogimiento, que nunca ella se aventuraría a dejar la casa de sus padres ni acudir a la voluntad de Marco Antonio, y cuando lo hubiese hecho, no conociéndoos ni sabiendo cosa alguna de lo que con él teníades, no os agravió en nada, y donde no hay agravio no viene bien la venganza[158].
</blockquote>

Bei María de Zayas ist eine solche Trennung der Persönlichkeit nicht vorhanden. In *Aventurarse perdiendo* wird Jacinta nur solange als Mann dargestellt, wie sie sich nicht vorgestellt hat. Die Verkleidung dient nur der Tarnung. Jacinta übernimmt keine männliche Identität. Sie bleibt einfach sie selbst und versteckt sich hinter ihren Kleidungsstücken.

Auch wenn Aminta sich als Jacinto vorstellt, wird sie ständig von der Erzählerin mit ihrem weiblichen Namen bezeichnet. Im Gegensatz zu Teodosia wird Aminta nicht zum Mann, nur weil sie sich als solcher ausgibt. Durch den Einsatz der Maskerade verfolgt María de Zayas zwei unterschiedliche Ziele: einerseits erlaubt sie ihrer Heldin, sich im männlichen Außenraum frei zu bewegen; andererseits stellt sie den geschlechtlichen Konflikt der Figur dar. Diese Auseinandersetzung zwischen männlich und weiblich ist zum Beispiel aus folgendem Satz herauszulesen:

<blockquote>
Y es de creer que fue necesario el ánimo que el traje varonil le iba dando para no mostrar su sobresalto y flaqueza[159].
</blockquote>

Bei Cervantes wird durch das Verkleiden die Persönlichkeit der Frau gespalten. Neben ihrer eigenen Identität erscheint eine andere. Beide Identitäten existieren alternierend, bleiben aber ständig getrennt. Nachdem Teodosia geheiratet hat, legt sie ihre Verkleidung ab und damit verschwindet Teodoro. In *la burlada Aminta* wird ebenfalls eine neue Persönlichkeit durch die Maskerade erschaffen, aber im

---

[157] Vgl. Cervantes (2007) Bd II, S.219

[158] Vgl. Cervantes (2007) Bd II, S.220

[159] Vgl. Zayas (2000) S.238

Gegensatz zu Cervantes vermischen sich beide Identitäten. Aminta wird weiterhin als Frau dargestellt, aber ihr Verhalten wird durch ihre Kleider beeinflusst. Nachdem sie ihren Rachemord begangen hat, muss sie beide Identitäten ablegen und eine ganze neue annehmen. Sie heiratet Don Martín und wird zu Doña Vitoria. Diese lehnt alles ab, was sie mit Aminta verbindet:

> Su primo vive, y por su respecto no goza doña Vitoria la hacienda que le dejó su padre, aunque es muy gruesa , sólo por no darse a conocer a su primo, ni don Martín quiere tratar de eso, por estar el secreto de este caso entre los tres, que si ella misma no lo manifestara, para que con nombres supuestos se escribiera, nadie lo supiera[160].

Die Frau bei Zayas und Cervantes

Auch wenn die Ähnlichkeiten zwischen den Novellen der beiden Autoren erstaunlich sind, unterscheiden sie sich, was das Bild der Frau betrifft. Cervantes beschreibt die Frau als ein Idealbild des Petrarkismus. Sie ist immer die allerschönste Frau der Welt. Zayas hingegen verfolgt mit ihrer Novelle das Ziel, ein Bild der realen Frau zu vermitteln. Wenn man in der Analyse der Novellen Lotmans Theorie berücksichtigt, wird klar, dass die Frau dem Innenraum zugeteilt ist, während der Mann den Außenraum besetzt. Dies ist bei beiden Autoren festzustellen. Es handelt sich hierbei um die geläufige Meinung in der Gesellschaft des 17. Jahrhunderts und weder Cervantes noch Zayas können sich erlauben, dies in Frage zu stellen, wenn sie der Wirklichkeit treu bleiben wollen. Es ist aber zu bemerken, dass die Autoren gewisse Auswege verwenden, um ihre Heldinnen im Außenraum zu situieren. In *la gitanilla* ist die Heldin Preciosa ein Zigeunermädchen. Da sie einen niedrigen sozialen Stand aufweist, schockiert es nicht, dass sie sich frei bewegt. Durch neue Erkenntnisse über ihre Herkunft kann sie schließlich die soziale Leiter aufsteigen, sobald die Erzählung ihre Bewegungsfreiheit nicht mehr benötigt. In *las dos doncellas* greift Cervantes auf die Maskerade zurück. Indem seine beiden Heldinnen sich als Mann verkleiden, können sie unbemerkt durch die Welt reisen. Zayas' Heldin nimmt ebenfalls diese Möglichkeit in Anspruch. Durch das Verkleiden ändert die Frau ihr Gender, da sie nicht mehr als Frau, sondern als Mann angesehen wird.

---

[160] Vgl. Zayas (2000) S.247

María de Zayas Prolog «Al que Leyere»

Als einer der wenigen Schriftstellerinnen ihrer Zeit ergreift María de Zayas die Chance, die Behandlung der Frauen zu kritisieren. Den Prolog zu ihrer *Novelas amorosas* beginnt sie wie folgt:

> Quién duda, lector mío, que te causará admiración que una mujer tenga despejo no sólo para escribir un libro, sino para darle a la estampa, que es el crisol donde se averigua la pureza de los ingenios[161].

Mit dieser Äußerung erscheint María de Zayas zwar wenig bescheiden, aber es sei daran erinnert, dass die Frauen der frühen Neuzeit als viel weniger intelligent als die Männer galten. Dass sie ein Buch verfasste und veröffentlichen ließ, erbringt aus ihrer Sicht den Beweis, dass eine Frau sich auf die gleiche Ebene wie die Männer begeben kann. In ihrem Werk sind nämlich zwei Absichten zu erkennen. Einerseits möchte sie ein authentisches Bild der Frau zeichnen, andererseits hat sie den Wunsch, als Autor innerhalb dieser männlichen literarischen Welt anerkannt zu werden[162].

Im weiteren Verlauf dieses Prologs bemüht sie sich, die Unterschiede zwischen den beiden Geschlechtern zu nivellieren:

> Porque si esta materia de que nos componemos los hombres y las mujeres, ya sea una trabazón de fuego y barro, o ya una masa de espíritus y terrones, no tiene más nobleza en ellos que en nosotras; si es una misma la sangre; los sentidos, las potencias y los órganos por donde se obran sus efectos, son unos mismos; la misma alma que ellos, porque las almas ni son hombres ni mujeres: ¿qué razón hay para que ellos sean sabios y presuman que nosotras no podemos serlo?[163]

Zayas greift auf die wissenschaftlichen Diskurse der frühen Neuzeit zurück und stützt sich auf sie, um die Gleichheit zwischen Männern und Frauen zu propagieren. Die Erwähnung des Feuers und der Erde ist eine direkte Anspielung an die Vier-Säfte-Lehre, die auf den vier Elementen beruht[164]. Mit *una masa de espíritus*

---

[161] Vgl. Zayas (2000) S.159

[162] Vgl. Greer (2000) S.61

[163] Vgl. Zayas (2000) S.159

[164] Vgl. Kap. 3.2.3.

ist eindeutig die Theorie der Lebensgeister gemeint[165]. Auf diese Weise widerlegt
Zayas alle Schlussfolgerungen, auf denen das männliche Geschlecht seine Überlegenheit aufbaut, da sie die gleichen Argumente vorbringt, um zu beweisen, dass
Männer und Frauen die gleiche Seele besitzen. Diese Auffassung ist nicht nur in
Zayas' Prolog zu lesen, sondern schwingt in allen ihren Novellen im Hintergrund
mit. In *Aventurarse perdiendo* kommt dieses Zitat von Jacinta dem Prolog sehr
nah:

> Y como, yo también, competía conmigo y me desafiaba en ellos,
> admirándole, no el que yo los compusiese, pues no es milagro en una
> mujer, cuya alma es la misma que la del hombre, o porque naturaleza
> quiso hacer esa maravilla, o porque los hombres no se desvaneciesen,
> siendo ellos solos los que gozan de sus grandesas, sino porque los
> hacía con algún acierto.[166]

Ebenfalls noch in diesem Prolog behauptet Zayas, dass sie keineswegs die einzige
Frau sei, die die nötige Intelligenz besitzt. In einer kurzen Auflistung nennt sie
Autorinnen sowie das Familienverhältnis, das sie mit einem berühmten Intellek-
tuellen verbindet:

> Temistoclea, hermana de pitágoras, escribió un libro doctísimode
> varias sentencias. Diotima fue venerada de Sócrates por eminente.
> Aspano hizo muchas lecciones de opinión en las academias. Eudoxa
> dejó escrito un libro de consejos políticos; Cenobia, un epítome de la
> *Historia oriental*. Y Cornelia, mujer de Africasno, unas epístolas
> familiares con suma elegancia, y otras infinitas de la antigüedad y de
> nuestros tiempos que paso en silencio, porque ya tendrás noticias de
> todo, aunque seas lego y no hayas estudiado. Y que después que hay
> *Polianteas* en latín, y *Sumas morales* en romance, los seglares y las
> mujeres pueden ser letrados.[167]

Dabei deutet Zayas an, dass einige Frauen den Mann übertreffen, wie zum Beispiel Argentaria, die das Werk ihres Mannes verbesserte:

---

[165] Vgl. Kap. 3.2.2.

[166] Vgl. Zayas (2000)

[167] Vgl. Zayas (2000) S.160

De Argentaria, esposa del poeta Lucano, refiere él mismo que le ayudó
en la corrección de los tres libros de la Farsalia, y le hizo muchos versos
que pasaron por suyos.[168]

Diese Schriftstellerinnen in Verbindung mit einem berühmten Verwandten zu nennen, ist ein kluger Schachzug von Zayas. Auf diese Weise lassen sich ihre Aussagen kaum kritisieren, da die Texte der erwähnten Autoren schon als Meisterwerke anerkannt sind.

Durch diesen Prolog kommt María de Zayas allen Kritikern zuvor. Der Leser findet in den ersten Seiten des Buches alle seine Argumente widerlegt. In einer Zeit, die so sehr von der Männlichkeit beherrscht wird, ist eine solche Rechtfertigung unvermeidlich. Ohne diesen Prolog und die Argumentation die er beinhaltet, hätten María de Zayas und ihre Novellen ihren verdienten Erfolg höchstwahrscheinlich nicht gehabt.

---

[168] Vgl. Zayas (2000) S.160

Das Heiraten

Im Leben der Frau stellt die Hochzeit das Ende ihres Daseins als *Doncella* und den Anfang ihres Lebens als Ehefrau dar. Bei der Analyse von Texten zweier Autoren wie Cervantes und Zayas, die die Liebe zum Thema ihrer Novellen gemacht haben, darf eine Thematisierung der Hochzeit nicht fehlen. Zuerst scheint es mir interessant darzustellen, inwiefern das Konzept des Heiratens im 17. Jahrhundert sich von der heutigen Vorstellung unterscheidet. Im weiteren Verlauf sollen die Novellen *la fuerza de la sangre* und *la fuerza del amor* die unterschiedlichen Auffassungen der beiden Autoren demonstrieren.

Die Hochzeitsverhandlungen

Durch die Hochzeit wird die *Doncella* von ihren Eltern an ihren Mann übergeben. Die Liebe war selten der Grund, weshalb zwei junge Leute heirateten. Vielmehr ging es um finanzielle Vorteile oder um die Verbesserung des Standes. Damit beide Seiten bei einer Hochzeit etwas gewinnen, fanden Verhandlungen statt. In *el celoso extremeño* wird Leonora quasi an Carrizales verkauft:

> [...] al cabo de algunos días habló con los padres de Leonora, y supo como, aunque pobres, eran nobles; y dandoles cuenta de su intención y de la calidad de su persona y hacienda, les rogó le diesen por mujer a su hija. Ellos le pidieron tiempo para informarse de lo que decía, y que él también le tendría para enterarse ser verdad lo que de su nobleza le habían dicho. [...] finalmente, Leonora quedó por esposa de Carrizales, habiéndola dotado primero en veinte mil ducados: tal estaba de abrasado el pecho del celoso viejo[169].

In *la fuerza del amor* fangen die Verhandlungen etwas gewalttätiger an. Don Diego wird von Lauras Vater überrascht, als er unter ihrem Fenster seine Liebe erklärt. Bei der folgenden Auseinandersetzung wird er verletzt. Als seine Eltern den Grund für diese Verletzung erfahren, leiten sie Eheverhandlungen ein:

> Y viendo lo que su hijo granjeaba con tan noble casamiento, sabiendo que era éste su deseo, pusieron terceros que lo tratasen con su padre de Laura. Y cuando pensó la hermosa Laura que las enemistades serían causa de eternas discordias , se halló esposa de don Diego, con tanto

---

[169] Vgl. Cervantes (2007) Bd II, S.103

> gusto de todos, particularmente de los amantes, que sería locura
> querer reducirlo a esta breve suma[170].

Es ist also nicht verwunderlich, dass der Begriff *negocio*[171] manchmal verwendet wird, um eine Hochzeit zu bezeichnen.

La fuerza de la sangre und la fuerza del amor.

Wenn man die Rolle der Hochzeit bei Cervantes und Zayas betrachtet, ist festzustellen, dass beide Autoren zwei verschiedenen Meinungen ausdrücken. In Cervantes' Novellen ist sie das glückliche Ereignis, welches die Novelle abschließt, zumindest in *La gitanilla, el amante liberal, La española inglesa, la fuerza de la sangre, las dos doncellas* und *la señora Cornelia*.

Für María de Zayas ist die Hochzeit kein glückliches Ereignis, zumindest nicht, wenn die Frau sich an die Regeln der patriarchalen Gesellschaft hält[172]. Die passiven Frauen, die sich ihren Männern stets unterordnen, werden als Opfer dargestellt. Einige Novellen von Zayas, wie zum Beispiel *la burlada Aminta,* enden mit einer Hochzeit glücklich, jedoch nur, wenn die Frau sich ihren Mann selbst aussucht.

Bei einem Vergleich von *la fuerza del amor* und *la fuerza de la sangre* fallen die unterschiedlichen Auffassungen der beiden Autoren über die Hochzeit besonders auf. Die Ähnlichkeit, die zwischen den beiden Titeln besteht, ist nicht das einzige, was die Novellen miteinander verbindet. In beiden Fällen geht es um ein gewalttätiges Verhältnis zwischen einem Mann und einer Frau. Cervantes' Novelle fängt mit einer Vergewaltigung an und endet mit einer Hochzeit, die dazu dient, die verlorene Ehre von Leocadia wiederherzustellen. Die Ehe, die daraus entstanden ist, soll eine der glücklichsten und die Misshandlung, auf der diese Ehe aufgebaut ist, vergessen werden:

> Fuéronse a acostar todos, quedó toda la casa sepultada en silencio, en
> el cual no quedará la verdad deste cuento, pues no lo consentirán los
> muchos hijos y la ilustre descendencia que en Toledo dejaron, y agora
> viven, estos dos venturosos desposados, que muchos y felices años
> gozaron de sí mismos, de su hijos y de sus nietos, permitido todo el

---

[170] Vgl. Zayas (2000) S.353

[171] Vgl. Zayas (2000) S.264

[172] Vgl. Pérez-Erdélyi (1977) S.98

cielo y por *la fuerza de la sangre*, que vio derramada en el suelo el
valeroso, ilustre y cristiano abuelo de Luisico.[173]

Hier ist die Ironie zu erkennen, mit der Cervantes die Familien kritisiert, die sehr viel Wert auf die Reinheit des Blutes legen. „Tapfer", „vornehm" und „christlich" sind kaum Adjektive, die Rodolpho beschreiben, der eine ohnmächtige junge Frau vergewaltigt und dann vor der Justiz in den Krieg flieht. Mit dieser Novelle ist die These verknüpft, dass jede Familie ihre dunklen Geheimnisse habe, so würdig sie auch sei.

In *la fuerza del amor* kehrt María de Zayas diesen Prozess mit der Absicht um, die Behandlung der Frauen zu kritisieren. Die Erzählung fängt mit einer Hochzeit an, die zu der gewalttätigen Handlung führt. Wie es schon erwähnt wurde, ist in der frühen Neuzeit die Geliebte für das sexuelle Vergnügen des Mannes zuständig und nicht die Ehefrau. In Zayas' Novelle ist es nicht anders: nach der Hochzeit fängt Don Diego an, seine Frau zu vernachlässigen und sucht sein Vergnügen bei Nise.

> [Nise] Procuró gozar de don diego, ya que no como marido, a lo menos como amante, pareciéndole no poder vivir sin él, y para conseguir su propósito, solicitó con papeles, y obligó con lágrimas a que don Diego volviese a su casa, que fue la perdición de Laura, porque Nise supo con tantos regales enamorarle de Nuevo, que ya empezó Laura a ser enfadosa, como propia, cansada, como celosa y olvidada, como aborrecida;[174]

Hier sind die Symptome der Liebeskrankheit zu erkennen. Es ist interessant, dass die Ehefrau an Liebesmangel leidet. Für Zayas hört die Liebe nach der Hochzeit auf. In der Novelle hat Laura Glück: ihre Ehe wird aufgrund des Verhaltens ihres Mannes annulliert. Dies scheint jedoch keinesfalls die Regel zu sein. Für die Frauen der frühen Neuzeit ist das Heiraten ein zu akzeptierender Zustand[175]. Die einzige Alternative bietet das Kloster. Die Nonnen sind, mit den Witwen, die einzigen unverheirateten erwachsenen Frauen, die gesellschaftlich respektiert werden.

---

[173]   Vgl. Cervantes (2007) Bd II, S.95

[174] Vgl. Zayas (2000) S.354

[175] Vgl. Jordan (1992) S.139

La fuerza de la sangre und *la fuerza del amor* enden beide mit einem glücklichen Ereignis: die Hochzeit von Rodolpho und Leocadia bei Cervantes und Lauras Rückzug in den Konvent. Es wurde schon gesagt, dass die Ehe von Rodolpho und Leocadia sehr glücklich sei. Lauras Schicksal wird ähnlich beschrieben:

> Laura, viéndose del todo libre, tomó el hábito de religiosa, y a su tiempo profesó, donde hoy vive santísimamente, tan arrepentida de su atrevida determinación, que cuando se acuerda tiembla, acordandose donde estuvo.[176]

Dieser zeitliche Sprung in der Erzählung, der am Ende der beiden Novellen stattfindet, erinnert an das Ende eines Märchens. Der typische Endsatz „und wenn sie nicht gestorben sind, dann leben sie noch heute" könnte beide Novellen abschließen. Durch diese Analogie mit den klassischen Märchen erscheinen diese beiden Enden umso glücklicher.

Das Motiv der Hochzeit als Kritik der Gesellschaft.

Bei einer globalen Betrachtung der *novelas ejemplares* und der *novelas amorosas* ist viel zu entdecken. Für Cervantes, dessen Novellen aus der männlichen Perspektive erzählt werden, symbolisiert die Hochzeit den Sieg der Liebe. In *la gitanilla* werden Costanza und Don Juan de Cárcamo vermählt, nachdem dieser seine Identität aufgegeben hat, um seine Liebe zu beweisen. In *la ilustre fregona* geschieht das gleiche zwischen Avendaño und Costanza. Bei Cervantes stellt die Hochzeit das Ziel dar, das die Männer erreichen wollen. Wenn diese Hochzeit stattfindet, endet die Geschichte mit einem Happy End.

Bei María de Zayas hingegen ist die Hochzeit, der Anfang des Unglücks. Wie es bei dem Vergleich zwischen *la fuerza de la sangre* und *la fuerza del amor* deutlich zu erkennen ist, zieht Zayas den Rückzug ins Kloster der Ehe vor. Darin ist die Absicht von Zayas zu sehen, die Idealvorstellung des Petrarkismus über das Heiraten zu relativieren.

Während Cervantes die Hochzeit in der patriarchalischen Gesellschaft auf seine Art und Weise verteidigt, verwendet Zayas dieses Motiv, um die Basis dieser Gesellschaft in Frage zu stellen und dabei die Frau als von Männern unterdrücktes Opfer darzustellen.

---

[176] Vgl. Zayas (2000) S 369

Geld und Impotenz

In *el casamiento engañoso* und *el castigo de la miseria* geht es weniger um Hochzeit, wie es zu erwarten wäre, sondern um Geld. Reichtum und Besitz haben ein sehr enges Verhältnis zur Sexualität, das in diesem Kapitel durch den Vergleich dieser beiden Novellen untersucht wird.

Die Täuschungen der Frauen

Das Haus

Zunächst gilt das Haus, in dem die Frau vermeintlich lebt, in beiden Fällen als Hauptargument der Frauen, um geheiratet zu werden. Bei Cervantes gibt sich Doña Estefanía als die perfekte Ehefrau aus. Dementsprechend ist sie als Teil dieses Hauses zu betrachten:

> Con esta hacienda busco marido a quien entregarme y a quien tener obediencia; a quien, juntamente con la enmienda de mi vida, le entregaré una increíble solicitud de regalarle y servirle; porque no tiene príncipe cocinero más goloso ni que mejor sepa dar el punto a los guisados que le sé dar yo, cuando, mostrando ser casera, me quiero poner a ello. Sé ser mayordomo en casa, moza en la cocina y señora en la sala; en efeto, sé mandar y sé hacer que me obedezcan. No desperdicio nada, y allego mucho; mi real no vale menos, sino mucho más cuando se gasta por mi orden. La ropa blanca que tengo, que es mucha y muy buena, no se sacó de tiendas ni lenceros; estos pulgares y los de mis criadas la hilaron. Y si pudiera tejerse en casa, se tejiera[177].

Indem sie sich ständig mit dem Haus in Verbindung bringt, stellt sich Doña Estefanía in ein besseres Licht. Das weiße Kleid (*la ropa blanca*) ist als Symbol des Heiratens anzusehen. Indem sie behauptet, dass sie dieses Kleid selber angefertigt hat und dass sie es am liebsten zu Haus angefertigt hätte, stellt sie eine Verbindung zwischen diesem Haus und ihrem Willen zu heiraten her. Diese Strategie erweist sich als erfolgreich, da Campuzano sich durch den materiellen Vorteil in Form dieses Hauses überzeugen lässt, Doña Estefanía zu heiraten.

> Yo, que tenía entonces el juicio, no en la cabeza, sino en los carcañares, haciéndome el deleite en aquel punto mayor de lo que en la imaginación le pintaba y ofreciéndoseme tan a la vista la cantidad de hacienda, que ya la contemplaba en dineros convertida, sin hacer

---

[177] Vgl. Cervantes (2007) Bd II, S.285

> otros discursos de aquellos a que daba lugar el gusto, que me tenía
> echados grillos al entendimiento, le dije que yo era el venturoso, y bien
> afortunado en haberme dado el cielo, casi por milagro, tal compañera,
> para hacerla señora de mi voluntad y de mi hacienda[178]

Bei Zayas ist Don Marcos sofort in das Haus verliebt. Darauf beruht sein Wunsch, Doña Isidora zu heiraten:

> ... dieron la vuelta a su casa, yendo por la calle tratando lo bien que le
> había parecido doña Isidora, descubriendo el enamorado don Marcos,
> más del dinero que de la dama, el deseo que tenía de verse ya su
> marido[179].

Darin besteht der erste Betrug, da sich in beiden Novellen herausstellt, dass das Haus den Damen gar nicht gehört. In beiden Fällen erscheint nach der Hochzeit der wahre Besitzer des Hauses: Doña Clementa bei Cervantes und ein Mann bei Zayas, der nur *„el señor de la casa"* oder *„el dueño"* genannt wird. Mit anderen Worten, die Frauen haben sich mit einem Innenraum identifiziert, in den sie nicht gehören.

Der geheime Liebhaber

Nachdem der Betrug entdeckt wurde, fliehen die beiden Frauen mit ihrem Liebhaber, den sie zuvor immer als einen Verwandten ausgegeben haben. Für Doña Estefanía handelt es sich um den Cousin, der als ihr Trauzeuge aufgeführt wurde:

> Finalmente, por venir a lo que hace más al caso a mi historia (que este
> nombre se le puede dar al cuento de mis sucesos), digo que supe que
> se había llevadoa doña Estefanía el primo que dije que que se halló a
> nuestros desposorios, el cual de luengos tiempos atrás era su amigo a
> todo ruedo[180].

---

[178] Vgl. Cervantes (2007) Bd II, S.285ff

[179] Vgl. Zayas (2000) S.263ff

[180] Vgl. Cervantes (2007) Bd II, S.292

Schon die Vorstellung dieses „Cousins" lässt daran zweifeln, dass diese Bezeich-
nung korrekt ist:

> y al cuatro día nos desposamos, hallándose presentes al desposorio
> dos amigos míos y un mancebo que ella dijo ser primo suyo[181]

Durch die Verwendung des Verbs *decir* wird auf den Identitätsbetrug hingewie-
sen. Auch Doña Isidoras Liebhaber wird bei Zayas auf diese Weise vorgestellt:

> Hallóse a la merienda un mozo galán, desenvuelto y que de bien
> entendido picaba en pícaro, al cual Doña Isidora regalaba a título de
> sobrino, cuyo nombre era Agustinico, que así le llamaba su señora
> tía[182].

Der Ausdruck *a título de* bewirkt hier den gleichen Effekt wie das Verb *decir* bei
Cervantes: Er weist den Leser auf eine Lüge hin. In *el casamiento engañoso* wird
diese Äquivalenz Cousin-Liebhaber angedeutet, bevor diese Figur eingeführt
wurde, allerdings in einem anderen Kontext:

> Dijome el Capitán que lo que la dama le quería era que le llevase unas
> cartas a Flandes a otro Capitán, que decía ser su primo, aunque él sabía
> que no era sino su galán[183]

Das Verhältnis zwischen Doña Isidora und Agustín fällt bei Zayas viel stärker
auf:

> [Don Agustín] puso la casa en alboroto, porque doña Isidora empezó a
> desconsolarse, acudiendo más tierna que fuera razón a desnudarle
> para que se acostase, haciéndole tantas caricias y regalos que casi dio
> celos al desposado[184].

María de Zayas hat nicht vor, den Leser mit dieser Beziehung zu überraschen.
Falls der Leser ihre Andeutungen nicht verstanden haben sollte, enthüllt sich ihm
diese Beziehung kurze Zeit später durch einen Dialog zwischen den beiden Dienerinnen.

---

[181] Vgl. Cervantes (2007) Bd II, S.286

[182] Vgl. Zayas (2000) S.258

[183] Vgl. Cervantes (2007) Bd II, S.284

[184] Vgl. Zayas (2000) S.274

> En estas pláticas estaban las criadas ; y era el caso que el señor don
> Agustín era galán de Doña Isidora[185]

Diese Beziehung dient bei María de Zayas nicht als überraschendes Element, wie es bei Cervantes der Fall ist. Dadurch, dass Don Marcos diese Beziehung nicht wahrnimmt, verstärkt sich der Eindruck, er sei geizig. Die Frau interessiert ihn viel weniger als das Geld, das er durch diese Hochzeit bekommt.

Doña Isidoras Alter

Die Täuschung über das Alter kommt nur bei Zayas vor. Bei Cervantes ist Doña Estefania um die dreißig Jahre alt. Doña Isidora gibt ebenfalls dieses Alter an. Sie ist in Wirklichkeit viel älter, was für Situationskomik im Schlafzimmer sorgt:

> Pensando hallar en la cama a su mujer, no halló sino un fantasma, o
> imagen de la muerte, porque la buena señora mostró las arrugas de la
> cara por entero, las cuales encubría con el afeite, que tal vez suele ser
> encubridor de años, que a la cuenta estaban más cerca de cincuenta y
> cinco que de treinta y seis, como había puesto en la carta de dote,
> porque los cabellos eran pocos y blancos, por la nieve de los muchos
> invernos pasados[186].

Es ist interessant, dass Don Marcos an den Mitgiftsbrief denkt, wenn es um Doña Isidoras Alter geht. Dies ist ein weiterer Hinweis darauf, dass er sich bei der Hochzeit nur auf das Geld konzentriert hat und nicht auf die Frau.

Der Diebstahl

In beiden Novellen verfolgt die Frau das Ziel, ihren Ehemann zu bestehlen und zu flüchten. In beiden Fällen gelingt es ihr. Das Vorhandensein einer Kette unter dem gestohlenen Gut, die den Reichtum des Mannes symbolisiert, ist ein weiteres Element, das beide Novellen miteinander verbindet. Die Handlungen divergieren, wenn es um den Wert der Kette geht und somit darum, welches Ausmaß der Reichtum vom Bräutigam annimmt. Campuzano gibt zu, dass diese Kette keinen großen Wert hatte:

---

[185] Vgl. Zayas (2000) S.276

[186] Vgl. Zayas (2000) S.277

> - Bien grande fue – dijo a esta sazón el licenciado Peralta – haberse
> llevado doña Estefanía tanta cadena y tanto cintillo; que, como suele
> decirse, todos los duelos..., etc.
>
> - Ninguna pena me dio esa falta – respondió el Alférez –, pues también
> podré decir: «Pensóse don Simueque que en me engañaba con su hija
> la tuerta, y por el Dío, contrecho soy de un lado».
>
> - No sé a qué proposito pueda vuesa merced decir eso – respondió
> Peralta.
>
> El propósito es – espondió el Alférez – de que toda aquella balumba y
> aparato de cadena, cintillos y brincos podía valer hasta diez o doce
> escudos[187].

Don Marcos Kette hingegen ist 200 Escudos wert:

> ... quiso tomar un faldellín para salir a buscar su fugitiva criada; mas ni
> él ni el vestido rico con que se había casado, ni los chapines con viras,
> ni otras joyas que estaban en una selva, porque esto y el vestido de
> don Marcos, con una cadenade doscientos escudos que había traído
> puesta el día antes, la cual había sacado de su tesoro para solemnizar
> su fiesta, no pareció, porque la astuta Marcela no quiso ir
> desapercibida[188].

Infolge dieser unterschiedlichen Werte reagieren beide Protagonisten unterschiedlich. Campuzano gibt sich die Schuld, für das was geschehen ist. Er hat
versucht seine Frau zu betrügen und wurde selbst betrogen. Don Marcos hingegen
verkraftet den Verlust seines Geldes nicht und stirbt an einem Herzversagen.

Don Marcos' Geiz

Bei Cervantes hat Campuzano keine extrem negative Eigenschaft. Er wird als naiv
dargestellt und der Diebstahl scheint nicht mehr als ein verdienter Streich zu sein,
da er selbst gelogen hat, was seinen Reichtum angeht. Die Moral, die aus dieser
Geschichte zu ziehen ist, fasst Petrarkas Zitat am Ende der Novelle zusammen:

> *Che chi prendre diletto di far frode;*
> *Non si de'lamentar s'altri l'inganna.*

---

[187] Vgl. Cervantes (2007) Bd II, S.290ff.

[188] Vgl. Zayas (2000) S.278

> Que responden en nuestro castellano: «Que el que tiene costumbre y
> gusto de engañar a otro no se debe quejar cuando es engañado»[189].

Indem María de Zayas den Protagonisten ihrer Geschichte als extrem geizig darstellt, erhöht sich die Tragik der Katastrophe. Als erstes wird seine asketische Lebensweise beschrieben:

> Jamás se encendió en su casa la luz. (...) Cuando se levantaba por la
> mañana tomaba un jarro que tenía sin asa y se salía a la puerta de la
> calle, esperando los aguadores, y al primero que veía le pedía
> remediase su necesidad, esto le duraba dos o tres días porque lo
> gastaba con mucha estrecheza. (...) Su comida era un panecillo de un
> cuarto, media libra de vaca, un cuarto de zarandajas, y otro que daba
> al cocinero porque tuviese cuidado de guisarlo limpiamente, y esto no
> era cada día sino sólo los feriados, que lo ordinario era un cuarto de
> pan y otro de queso[190].

Durch diese Eigenschaft wirkt der Betrug von Doña Isidora umso leichter, da Don Marcos nur sein Geld sieht und für alles andere blind ist. Er bemerkt weder die offensichtliche Beziehung zwischen Agustín und Isidora noch die Tatsache, dass das Haus ihr nicht gehört.

Es ist interessant, dass Don Marcos nach seiner Hochzeit das Haus abschließen lässt:

> ... y que en entrando no sólo se cierre la puerta, mas se clave; no
> porque soy celoso, que harto ignorante es el que lo es teniendo mujer
> honrada, mas porque las casas ricas nunca están seguras de ladrones,
> y no quiero que me lleve con sus manos lavadas el ladrón, sin más
> trabajo que tomar lo que a mí me costo el ganarlo tanto afán y
> fatiga[191];

Durch diese Anspielung auf den *Celoso extremeño* wird klar, dass Don Marcos das Geld an die Stelle der Frau setzt. Er lässt nicht die Türen abschließen, um den potentiellen Liebhaber seiner Frau fernzuhalten, sondern um seinen Reichtum vor Dieben zu schützen.

---

[189] Vgl. Cervantes (2007) Bd II, S.291ff

[190] Vgl. Zayas (2000) S.254ff

[191] Vgl. Zayas (2000) S.266

Diese Positionierung des Geldes an Stelle der Frau wird in *el castigo de la misería* mehrmals angedeutet. Zunächst „verliebt" er sich in das Haus. Als Doña Isidoras richtiges Alter enthüllt wird, wird Marcos' Reaktion durch die Entdeckung des Diebstahls geschwächt.

Die Geldsymbolik

Die Symbolik des Geldes spielt eine wichtige Rolle bei der Interpretation von Don Marcos' Geschlechtsidentität. Sein Leben definiert sich durch die Jagd nach dem Geld. Er wurde arm geboren, konnte aber durch das oben beschriebene asketische Leben genügend Geld ansparen, um in der sozialen Hierarchie aufzusteigen. Mit dreißig beschließt er zu heiraten. Diese Entscheidung ist jedoch nur finanziell motiviert. Kein einziges Mal achtet er auf die Frau, die er heiratet.

Diese ständige Jagd nach dem Geld, Symbol der Macht *par excellence*, wirft die Frage auf, welchen Einfluss dies auf seine sexuelle Identität hat. Dabei muss berücksichtigt werden, dass diese Gier nach Geld eine sexuelle Dimension annimmt. Es scheint, als würde er mit dem Geld einen Mangel an sexueller Macht ausgleichen wollen. Diese Interpretation der Impotenz wird durch Zayas' Wortspiel über den *juego del hombre* bestätigt:

> Acabóse la comida y preguntaron a don Marcos si quería, en lugar de dormir la siesta, por no haber en aquella casa cama para huéspedes; jugar al hombre: a lo cual respondió que servía a un señor tan virtuoso y cristiano que, si supiera que criado suyo jugaba, ni aun la quince, que no estuviera una hora en su casa, y que, como él sabía esto, había tomado por regla el darle gusto; demás de ser su inclinación buena y virtuosa, pues no tan solamente no sabía jugar al hombre, más que no conocía ni una carta, y que verdaderamente hallaba por su cuenta que valía el no saber jugar muchos ducados por año[192].

Das ‚Spiel des Mannes' hat hier eine doppelte Bedeutung: Es ist einerseits ein Kartenspiel, aber die Tatsache, dass Don Marcos nicht spielen kann ist eine direkte Anspielung auf seine eingeschränkte Männlichkeit.

In Cervantes' *el casamiento engañoso* ist die Impotenz des Bräutigams ebenfalls herauszulesen, obwohl sie nicht so eindeutig dargestellt wird wie bei Zayas. Die Novelle fängt wie folgt an:

---

[192] Vgl. Zayas (2000) S.266

<blockquote>
Salía del Hospital de le Resurrección, que está en Valladolid, fuera de la Puerta del Campo, un soldado que, por servirle su espada de bacúlo y por la flaqueza de sus piernas y amarillez de su rostro, mostraba bien claro que, aunque no era el tiempo muy caluroso, debía de haber sudado en veinte días todo el humor que quizá granjeó en una hora[193].
</blockquote>

Das Schwert ist für einen Soldaten das phallische Symbol der Macht. Es ist lang, spitz und in einer Kampfsituation nach oben gerichtet. Dass Campuzano sich auf dieser Weise auf sein Schwert stützt, bedeutet, dass er durch die Krankheit seine Männlichkeit verloren hat, und zwar nachdem seine Frau seinen Besitz gestohlen hat.

---

[193] Vgl. Cervantes (2007) Bd II, S.281

„Prähomosexualität" bei Zayas und Cervantes

Die Verwendung des Begriffs „Homosexualität" ist zu aktuell, um im Rahmen
einer Analyse von Werken des 17. Jahrhundert adäquat zu sein[194]. Gleichgeschlechtlicher Sexualverkehr existiert jedoch viel länger als die heutige Termino-
logie. In der Antike wurde es zum Beispiel „Knabenliebe" genannt.

> Der Eros der *himmlischen* Aphrodite aber kommt erstens von einer
> Göttin, die keinen Anteil an Weiblichkeit, sondern nur an der Männ-
> lichkeit hat, weil sie mutterlos ist – und dies ist die Liebe zu den Knaben
> [...][195].

Wie in dem obigen Zitat von Platon zu erkennen ist, war homoerotisches Verhalten im Griechenland der Antike weder selten noch verpönt. Es galt sogar als die
höchste Form der Liebe. In der Literatur wurde Knabenliebe und Frauenliebe miteinander verglichen, was auf einer Gleichstellung dieser beiden Arten von Liebe
hinweist[196]. Diese homoerotische Liebe war immer mit einem pädagogischen Aspekt verknüpft. Es handelt sich um eine tiefgreifende Beziehung zwischen einem
älteren Mann und einem Jüngling, wobei der Ältere dem Jüngeren die Kunst der
Kalokagathia beibringt, das gesellschaftliche Ideal von Vorbildlichkeit und Tugend[197].

Mit der Einführung des Christentums begann eine Ära des Verbots. Der Geschlechtsverkehr wurde in der frühen Neuzeit streng geregelt. Aus Sicht der katholischen Kirche diente er ausschließlich der Fortpflanzung und nur die Berüh-
rung durch die Zeugungsorgane war gestattet. Vergnügen dabei zu empfinden galt
als eine Sünde. Gleichgeschlechtlicher Verkehr ist dementsprechend tabu. Es ver-
wundert also nicht, dass die Katholischen Könige Spaniens 1492 solche Praktiken
offiziell verboten:

> (...) denn unter den Sünden und Delikten, die Gott unseren HErrn [sic]
> beleidigen und die Erde Entehren, gibt es ein ganz besonders schwer-
> wiegendes, das gegen die natürliche Ordnung begangen wird. Die Ge-
> setze und das Recht müssen sich wappnen für die Bestrafung dieses
> abscheulichen Delikts, das der Erwähnung unwürdig ist, des Zerstörers

---

[194] Vgl. Kap. 2.2.4

[195] Vgl. Platon (2008) S.17

[196] Vgl. Reinsberg (1989) S.163

[197] Vgl. Reinsberg (1989) S.170

der natürlichen Ordnung, das durch Gottes Urteil gestraft ist. Es läßt
Edelmut und Vornehmheit verlieren, macht das Herz weich und kraft-
los und führt zu mangelnder Glaubensfestigkeit. Es zu begehen heißt,
Gott den Gehorsam zu verweigern; dieser schickt in seinem Zorn den
Menschen auf Erden Pestilenzen und andere Plagen. (...); In Anbe-
tracht, daß die bisher verhängten Strafen unzureichend sind (...) setzen wir fest und befehlen wir, daß jeder, gleich welchen Standes oder
Ranges (...) überführt wird nach dem Beweis, der von Rechts wegen
verlangt wird, um die Straftat der Ketzerei oder das Verbrechen des
Hochverrats nachzuweisen, auf dem Scheiterhaufen verbrannt werde
(...). [198]

In einer Gesellschaft, die dermaßen vom Platonismus beeinflusst ist, ist es interessant, sich zu fragen, welchen Platz der gleichgeschlechtliche Verkehr trotz
Verbotes in der Gesellschaft einnimmt. Bis zum 18. Jahrhundert wurden solche
„Verbrecher" von der Inquisition streng verfolgt. 700 Prozesse sollen zwischen
1565 und 1700 stattgefunden haben, von denen fast 5000 Personen aus allen Al-
tersklassen und allen Schichten der Gesellschaft betroffen waren[199]. Dies zeugt
von dem Ausmaß des Phänomens und rechtfertigt, dass seine Darstellung in der
Literatur hier näher untersucht wird.

Prähomosexuelle Konzepte

David Halperin sieht im Konzept der Homosexualität die Kombination von vier
vorherigen Diskursen. Sie existierten unabhängig voneinander, allerdings kann in
jedem von ihnen eine bestimmte Facette der heutigen Homosexualität gesehen
werden[200]. Diese vier Modelle von „Prähomosexualität" sind (1) die Päderastie,
(2) die Freundschaft, (3) die Effemination und (4) die Inversion.

Die Päderastie

Bei der Päderastie (oder Sodomie) handelt es sich um Macht. Es geht immer um
die „sexuelle Penetration eines untergeordneten Mannes durch einen anderen
Mann, wobei der niedrigere Rang hier auf Alter, soziale Klassenzugehörigkeit,
Geschlechterrolle und/oder sexuelle Rolle bezogen ist"[201]. Die Sodomie ist seit
der Antike ein verbreitetes Phänomen, das sich bis ins 18. Jahrhundert hineinzieht.

---

[198] Vgl. Carrasco (1997) S.46

[199] Vgl. Carrasco (1994) S.92

[200] Vgl. Halperin (2003) S.179

[201] Vgl. Halperin (2003) S.185

Neunzig Prozent der für *passive* Sodomie zwischen 1432 und 1502 in Florenz angeklagten Männer waren achtzehn oder jünger. Die Mehrheit der *aktiven* Sodomiten in dieser Zeit waren zwischen 30 und 35[202]. Auch in Valencia waren in den Inquisitionsprozessen zwischen 1566 und 1620 meistens ein älterer Mann angeklagt, dessen Objekt der Begierde ein Junge zwischen 14 und 16 war[203]. Es gab eine Hierarchie in der Sodomie, in der der Ältere den Jüngeren dominierte. In dieser Art von Beziehungen ist eindeutig der Einfluss der griechischen Knabenliebe zu erkennen. Allerdings spielt das theologische Modell der Männlichkeit, das bis in die frühe Neuzeit hinein galt ebenfalls eine Rolle. Nach diesem Modell wird die Entwicklung des Menschen in vier Stufen unterteilt: das Kind, der Jüngling, die Frau, der erwachsene Mann[204]. Die Frau wird also als unvollkommener Mann wahrgenommen. Der Jüngling befindet sich allerdings in dieser Hierarchie noch vor der Frau. Das Gefühl von Macht und Überlegenheit scheint größer zu sein, wenn statt einer Frau ein jüngerer Mann dominiert wird, da die Distanz in der Hierarchie einfach größer ist.

Päderastische Beziehungen findet man auch zwischen Herrn und Sklaven. Alessandro Stella meint, dass die weißen Frauen die wertvollsten auf dem Sklavenmarkt waren. Die weißen Männer hingegen galten als rebellischer, deswegen wurden die Schwarzen bevorzugt[205]. Dies liegt höchstwahrscheinlich daran, dass sie gute und starke Arbeiter waren, aber es soll nicht vergessen werden, dass afrikanische Sklaven den Ruf hatten, große sexuelle Bedürfnisse zu haben[206]. Heute noch überdauert im westlichen Denken die Verbindung zwischen Afrikaner und großem Geschlechtsorgan. Jedenfalls standen die Sklaven immer mit sexuellen Bedürfnissen in Verbindung. Häufig waren sie nackt, als sie verkauft wurden. Um Maria Himmelfahrt zu feiern, wurde im 15. Jahrhundert in Palermo ein Sklavenrennen eingeführt, bei dem Sklaven nackt durch die Stadt rennen mussten[207]. Auch Carrasco ist der Meinung, dass Sklaven wichtige *Objets érotiques* bei gleichgeschlechtlichen sexuellen Beziehungen darstellten[208]. Sodomie mit Skla-

---

202   Vgl. Halperin (2003) S.185

203   Vgl. Carasco (1997) S.52

204   Vgl. Schabert (1997) S.24

205   Vgl. Stella (1997)

206   Vgl. Carrasco (1994) S.99

207   Vgl. Stella (1997)

208   Vgl. Carrasco (1994) S.99

ven oder Hausbediensteten bildet den Anlass eines großen Teils der Inquisitions-prozesse. In der Tat waren Sklaven extrem präsent im Milieu der männlichen Prostitution. Diese bot ihnen einen großen wirtschaftlichen Vorteil. Es kam vor, dass sie von ihrem Herrn an andere Männer „verliehen" wurden. In solchen Fällen bekamen sie normalerweise eine Bezahlung. So hatten sie die Möglichkeit, sich freizukaufen[209]. In Cervantes' *la ilustre fregona* kann man die Stelle, an der der Vorgänger von Avendaño erwähnt wird, auch in diese Richtung interpretieren:

> [...] el mozo que se me fue vino a mi casa, habrá ocho meses, roto y flaco, y ahora lleva dos pares de vestidos muy buenos y va gordo como una nutria. Porque quiero que sepáis, hijo, que en esta casa hay muchos provechos, amén de los salarios.[210]

Männerfreundschaft

Die Männerfreundschaft ist ein sehr beliebtes Motiv in der Literatur, besonders bei Cervantes. Im Gegensatz zur Sodomie befinden sich die beiden involvierten Personen auf der gleichen Ebene. Beide sind mehr oder weniger gleichaltrig und haben den gleichen sozialen Status[211]. Dieses Konzept von „Freundschaft" wurde von Aristoteles und Cicero geprägt. Zu dieser Zeit jedoch ist der Begriff „Freund-schaft" nicht frei von sexueller Konnotation. Im 12. Jahrhundert wurde dieses Konzept auf die Beziehung zwischen Mann und Frau erweitert und spielte eine wichtige Rolle bei der mittelalterlichen Konzeption der Ehe. Bei der folgenden Definition der Männerfreundschaft ist die Ähnlichkeit zur heutigen Vorstellung von Homosexualität nicht zu übersehen:

> Die Freundschaft tugendhafter Männer wird durch eine uneigennüt-zige Liebe charakterisiert, die zur Verbindung zweier individueller Identitäten führt und somit dazu, daß sie nicht mehr ohne einander leben wollen und bereit sind, mit oder für den anderen zu sterben[212].

Die Freundschaft in der frühen Neuzeit ist also ein homoerotisches Verhältnis, wobei die leidenschaftliche Liebe zwischen den Partnern das Fundament dieser Beziehung bildet. Bei der Päderastie geht es hauptsächlich um Geschlechts-ver-

---

209   Vgl. Carrasco (1994), S.99

210   Vgl. Cervantes (2007) Bd II, S.157

211   Vgl. Halperin (2003), S.193

212   Vgl. Halperin (2003), S.194

kehr. Die heutige Konzeption der Homosexualität impliziert Liebe und Geschlechtsverkehr gleichermaßen. Man ist sich darin einig, dass dieses Konzept nicht existierte, aber Freundschaft und Sodomie waren zwei existierende Diskurse, die zusammengenommen der Homosexualität in ihrer modernen Bedeutung sehr nahe kamen.

Effemination und Inversion

Diese beiden Begriffe tragen sehr ähnliche Bedeutungen, deswegen werden sie hier zusammen erläutert. Sie unterscheiden sich von der Päderastie und von der Freundschaft insofern, dass sie den Gender der betroffenen Person beeinflussen oder sogar vollständig umkehren. Bei den beiden zuvor besprochenen Typen handelt es sich um homoerotische Beziehungen zwischen Männern, wobei die Männlichkeit der betroffenen Personen nicht in Frage gestellt wird[213].

Die Effemination bezeichnet die „Weichheit" bzw. „Weiblichkeit" eines Mannes. Solche Männer weichen von der gegebenen Norm der Männlichkeit ab und ziehen die Liebe und den Frieden dem Krieg und den Waffen vor. Ein solches Verhalten impliziert nicht notwendigerweise ein homoerotisches Verhalten. Im Gegenteil konnte diese Abweichung von der Norm von Vorteil sein, wenn es um die Verführung von Frauen ging[214].

Die Inversion ist nichts Anderes als eine ins Extrem getriebene Effemination. Dabei wird die Geschlechtsidentität vollständig umgekehrt. Solche Männer besitzen „das Begehren, Subjektivität und Geschlechtsidentität einer Frau"[215].

Was eine Analyse der Homosexualität bei Cervantes und Zayas betrifft, sind diese beiden Kategorien wenig interessant, zumindest aus der männlichen Perspektive. Das weibliche Pendant der Effemination, die ‚Viraginität', spielt dabei eine viel größere Rolle. Die Maskerade[216] ist dafür ein Paradebeispiel.

Anhand einer Analyse der cervantinischen Novelle *la ilustre fregona*, sollen hier ein paar Strategien gezeigt werden, die der Darstellung homoerotischen Verhaltens bei Cervantes dienen. Obwohl gleichgeschlechtliche Sexualakte in der Ge-

---

[213] Vgl. Halperin (2003) S.197

[214] Vgl. Halperin (2003) S.181

[215] Vgl. Halperin (2003) S.199

[216] Vgl. Kap. 5.2.4.4.

sellschaft geläufig waren, konnten sie aufgrund der Zensur und der heiligen Inquisition nicht direkt erläutert werden. Darum muss der gewarnte Leser zwischen den Zeilen lesen, um die subtil versteckten Hinweise zu entdecken.

La ilustre fregona

Die Figur des Carriazos

Durch die Beschreibung des heterodiegetischen Erzählers erfährt der Leser, dass Carriazo dreizehn ist, wenn er das Familienhaus verlässt. Sein sozialer Stand ist von Anfang an klar definiert:

> [...] pero con serle anejo a este género de vida la miseria y estrecheza, mostraba Carriazo ser un príncipe en sus cosas: a tiro de escopeta, en mil señales, descubría ser bien nacido, porque era generoso y bien partido con sus camaradas. Visitaba pocas veces las ermitas de Baco, y aunque vevía vino, era tan poco, que nunca pudo entrar en el número de los que llaman desgraciados, que con alguna coa que beban demasiada, luego se les pones el rostro como si se le hubiesen jalbegado con bermellón y almagre. En fin, en Carriazo vio el mundo un pícaro virtuoso, limpio, bien criado y más que medianamente discreto[217].

Es ist interessant zu bemerken, dass Carriazo nicht physisch beschrieben wird. Der Leser erfährt zum Beispiel weder welche Farbe sein Haar hat, noch wie groß er ist. Durch die Ereignisse kann man schließen, dass Carriazo vor Gewalt nicht zurückschreckt. Immerhin gerät er in nicht weniger als zwei Konflikte. Bei dem ersten wäre der Wasserträger fast gestorben. Auch das Kind, das er am Ende der Novelle verprügelt, wird "halbtot" zurückgelassen.

> [El alguacil] dijo más: que saliendo por la puente de Alcántara, dandole las muchachos priesa con la demanda de la cola, se había apeado del asno, y dando tras todos, alcanzó a uno, a quien dejaba medio muerto a palos[218].

Nach wie vor wird Gewalt mit Männlichkeit in Verbindung gebracht. Cervantes ordnet hier Carriazo sehr subtil dem männlichen Gender zu. Dass er instinktiv gewalttätig auf den Spruch der Kinder reagiert, lässt darauf schließen, dass er

---

[217] Vgl. Cervantes (2007) Bd II, S.140

[218] Vgl. Cervantes (2007) Bd II, S.195ff

mehr mit den Muskeln denkt als mit seinem Gehirn. Seine Beziehung zu Avendaño scheint dies zu unterstützen. In diesem Duo ist Avendaño der denkende Kopf. Er hat drei Jahre in Salamanca aus Spaß studiert; In der Posada hat er eine intellektuelle Arbeit, da er für die Buchführung zuständig ist. Wenn Carriazo in Schwierigkeiten gerät, ist dieser dann auf die Hilfe seines Freundes angewiesen. Durch den Kontrast, der zwischen den beiden Protagonisten herrscht, kommt Carriazos Dummheit zum Vorschein. Und obwohl dieser nie direkt beschrieben wird, kann der Leser Carriazo problemlos als Hitzkopf identifizieren.

Durch seine eigenen Äußerungen kann erraten werden, was Carriazo von dem weiblichen Geschlecht hält. Costanza bezeichnet er als „*Porcia*", „*Minerva*" und "*nueva Penélope, que en figura de doncella y de fregona te enamora, te acobarda y te desvanece*"[219]. Von der *Argüello* hält er genauso wenig. Er nennt sie „*bruja*", „*grandísima bellaca*" und sein hitziges Gemüt kommt ebenfalls zum Vorschein, wenn es darum geht, sie zurückzuweisen. Die bloße Vorstellung, mit ihr intim zu sein, ist für ihn unvorstellbar.

> [Carriazo] Salió de la cárcel; pero no quiso volver a estar con su compañero, dándole por disculpa que en los días que había estado preso le había visitado la Argüello y requerídole de amores, cosa para él tan molestia y enfado, que antes se dejara ahorcar que corresponder con el deseo de tan mala hembra[220].

In Carriazo kann also ein junger Mann gesehen werden, dessen biologisches Geschlecht dem Gender entspricht. Allerdings zeigt er ein untypisches Verhalten den Frauen gegenüber. Er erscheint als Misogyn und schreckt vor Geschlechtsverkehr zurück. Es ist nicht zu leugnen, dass Carriazos Verhalten auf ein gleichgeschlechtliches Begehren hinweist.

Familienbund und erotisches Dreieck

In einer Queer-Analyse einer mittelalterlichen Novelle definiert Andreas Kraß das erotische Dreieck wie folgt:

> Die Pointe dieses Konzept besteht darin, daß in jeder erotischen Rivalität der Bund, der zwei Rivalen an die Geliebte knüpft, daß die Bünd-

---

[219] Vgl. Cervantes (2007) Bd II, S.164

[220] Vgl. Cervantes (2007) Bd II, S.163

nisse der *Rivalität* und der *Liebe*, so verschieden sie auch erfahren werden, in gleichem Maße machtvoll und in mancher Hinsicht äquivalent
sind[221].

Wenn wir dieses Dreieck auf *die ilustre Fregona* übertragen, können wir sehen, dass mindestens zwei Dreiecksbeziehungen zu finden sind. Die erste wäre die, die am nächsten dem traditionellen Dreieck entspricht. Zwei Männer, Avendaño und der Sohn des *Corregidors*, Don Periquito, die um eine einzige Frau kämpfen, nämlich Costanza.

Aber das Dreieck, das für diese Analyse relevant ist, ist das, dessen Basis von Carriazo und Costanza gebildet wird. An der Spitze steht Avendaño. Wenn wir davon ausgehen, dass Carriazo sich von Männern angezogen fühlt, könnte man annehmen, dass seine Beziehung zu Avendaño sexuell orientiert ist. Die Dreieck-konstellation lautet dementsprechend wie folgt: Carriazo begehrt Avendaño, der wiederum Costanza begehrt. In dem Text sind durchaus Stellen zu finden, die diese Interpretation unterstützen:

> « Lo que podías hacer es irte norabuena a tu pesquería, que yo me
> quedaré en mi casa, y aquí me hallarás a la vuelta. Si quisieres llevarte
> contigo el dinero que te toca, luego te lo daré, y ve en paz, y cada uno
> siga le senda por donde su destino le guiare.
>
> -Por más discreto te tenía – replicó Lope –; y ¿tú no ves que lo que digo
> es burlando? Pero ya que sé que tú hablas de veras, de veras te serviré
> en todo aquello que fuere de tu gusto. Una sola cosa te pido, en
> recompensa de las muchas que pienso hacer en tu servicio, y es que
> no me pongas en ocasión de la Argüello me requiebre ni solicite[222]; »

Carriazo gibt zu, Avendaño nicht verlassen zu wollen, da Avendaño ihm die Wahl lässt, entweder bei ihm zu bleiben, oder allein zu den *Almadrabas* zu gehen. Wenn man bedenkt, was die *Almadrabas* für ihn bedeuten, kann es nur eine Schlussfol-gerung geben, nämlich, dass Avendaño ihm noch mehr bedeutet. Außerdem ver-spricht er, Avendaño zu dienen und zwar in allem, was ihm gefallen mag. Soll das als Liebeserklärung zu interpretieren sein? Es wurde schon erwähnt, dass Freund-schaft in der Frühen Neuzeit mit einer leidenschaftlichen Liebe verbunden ist,

---

[221] Vgl. Kraß (2003) S.292

[222] Vgl. Cervantes (2007) Bd II, S.165

aber das, was es hier zu bedenken gibt, ist, dass er nichts dafür verlangt, außer das Versprechen, von einer Frau ferngehalten zu werden.

Costanza unternimmt zwar nichts, um Avendaños Herz zu erobern, trotzdem gilt sie als Rivalin von Carriazo, da sie als *Objet de désir* von Avendaño dargestellt wird. Das Bündnis, das die beiden Rivalen verbindet, ist in diesem Fall umso stärker, da die beiden in Wirklichkeit Geschwister sind, oder zumindest Halbgeschwister. Was die Rivalität von don Periquito angeht, kann man hier ebenfalls von Familienbund sprechen, da er am Ende mit Avendaños Schwester vermählt wird.

Raumanalyse

Die Raumsymbolik spielt in einer Queer-Deutung der *Ilustre Fregona* eine wichtige Rolle, denn es handelt sich um eine Reise, in der die möglichen Ziele die Persönlichkeitsentwicklung der beiden Protagonisten geprägt werden. Der ursprüngliche Zielort von Carriazo und Avendaño ist die südliche Küste von Spanien: die *Almadrabas* von Zahara. Der heterodiegetische Erzähler beschreibt diesen Ort wie folgt:

> ¡Allí, allí que está en su centro el trabajo junto con la poltronería! Allí está la suciedad limpia, la gordura rolliza, la hambre prompta, la hartura abundante, sin disfraz el vacio, el juego siempre, las pendencias por momentos, las muertes por puntos, las pullas a cada paso, los bailes como en bodas, las seguidillas como en estampa, los romances como estribos, la poesía sin acciones. Aquí se canta, allí se reniega, acullá se riñe, acá se juega, y por todo se hurta. Allí campea la libertad y luce el trabajo; allí van, o envían, muchos padres principales a buscar a sus hijos, y los hallan; y tanto sienten sacarlos de aquella vida como si los llevaran a dar la muerte[223].

Wie Stephan Leopold bemerkte, handelt es sich um eine sehr „homosoziale frönende Gesellschaft"[224]. Es ist ein Ort, an dem hauptsächlich Männer miteinander leben. Und wie es in diesem Abschnitt deutlich gesagt wird, wird dieser Ort der Arbeit als ein Ort der absoluten Freiheit beschrieben. Für Carriazo ist mit diesem Ort eine bedingungslose Liebe verknüpft.

---

[223] Vgl. Cervantes (2007) Bd II, S.141

[224] Vgl. Leopold (2006) S.269

> ¡Oh pobres atunes míos, que os pasáis este año sin ser visitados deste
> tan enamorado vuestro! Pero el que viene yo haré la enmienda de
> manera que no se quejen de mí los mayorales de las mis deseadas
> almadrabas[225]

Gleichzeitig wird er mehrmals mit der Idee des Verbots in Verbindung gebracht. Zunächst indem der Erzähler ihn als einen Ort beschreibt, aus dem junge Leute von ihren Vätern herausgeholt werden. Zweitens dadurch, dass Carriazo die dort erlebten Erfahrungen seinen Eltern verschweigt.

> Contó Carriazo a sus padres y a todos mil magníficas y luengas
> mentiras de cosas que le habían sucedido en los tres años de su
> ausencia; pero nunca tocó, ni por pienso, en las almadrabas[226] [...].

Dieses Schweigen kann durchaus als Folge eines Schamgefühls interpretiert werden. Unter solchen Voraussetzungen ist es schwierig, nicht an Homosexualität zu denken. Und wenn wir die Reise der jungen Leute als eine Allegorie für die Suche nach ihrer sexuellen Orientierung sehen, können die *Almadrabas* von Zahara tatsächlich als Symbol für eine homosexuelle Lebensweise gedeutet werden.

Der andere wichtige Ort in dieser Erzählung wäre die *Posada* der Sevillaner. Dieser Ort ist der völlige Gegensatz von den *Almadrabas*. Er wird gleich nach der Ankunft der Hauptfiguren mit dem Christentum gleichgestellt. Die Straße, die zu der Posada führt, heißt zufälligerweise *la Sangre de Cristo*. Das erste, das Avendaño in der Posada sieht, ist nichts anderes als das Gesicht eines Engels:

> ... y apenas hubo entrado, cuando de una sala que en el patio estaba
> vio salir una moza, al parecer de quinze años, poco más o menos,
> vestida como una labradora, con una vela encendida en un candelero.

> No puso Avendaño los ojos en el vestido y traje de la moza, sino en su
> rostro, que le parecía ver en él los que suelen pintar de los ángeles.[227]

Verbot und Christentum sind nicht die einzigen Gegensätze, die man findet, wenn man die *Almadrabas* und die *Posada* vergleicht. Während die *Almadrabas* ein Ort der Freiheit zu sein scheint, stellt die Posada eher einen Ort der Dienerschaft dar.

---

[225] Vgl. Cervantes (2007) Bd II, S.165

[226] Vgl. Cervantes (2007) Bd II, S.143

[227] Vgl. Cervantes (2007) Bd II, S.149

Avendaño und Carriazo wären *Picaros* in den *Almadrabas* gewesen, stattdessen legen sie ihren sozialen Stand ab, und treten in den Dienst des Sevillaners ein.

Einen weiteren Gegensatz zwischen *Almadrabas* und *Posada* stellt die Tatsache dar, dass die eine Welt männlich und die andere weiblich geprägt ist. Bei dem Thunfischfang arbeiten ausschließlich Männer, während in der Posada nur Frauen beschäftigt werden, mit Ausnahme des Besitzers und Avendaño. Wenn also die *Almadrabas* Symbol für Homosexualität sind, wird die *Posada* bei dieser Interpretation zwangläufig zum Symbol des Frauen-orientierten Begehrens.

Indem wir die von den Protagonisten unternommene Reise auf eine Suche nach der sexuellen Identität übertragen, können wir daraus schließen, dass Carriazo und Avendaño am Anfang der Erzählung sich auf eine Reise in Richtung homoerotische Sexualität begeben. Diese Reise wird allerdings von Avendaño bewusst unterbrochen, um einen neuen Weg in Richtung christliche Liebe und Heterosexualität einzuschlagen.

Der Esel

Es gibt ein weiteres Element, an das mehrmals im Laufe der Erzählung erinnert wird, und dessen Bedeutung für das Thema der sexuellen Orientierung nicht irrelevant ist: der Esel. Seit der griechischen Mythologie ist der Esel mit einer starken sexuellen Konnotation verbunden, die bis in die frühe Neuzeit überdauert.

> A l'origine, Priape, le dieu phallique de la fécondité, était un âne anthropomorphe. Selon d'autres sources, Priape serait même le fils d'un âne ou le meurtrier d'un âne humanisé qui prétendait le dépasser par la taille de son phallus.
>
> Dans la cité de Lampsaque, on lui offrait des ânes en sacrifices. Le père de Priape, Dionysos, avait pour monture un âne, de même que son cortège des silènes.(...) Les représentations des fêtes et défilés de Dionysos et de son cortèges de silènes, satyres et bacchantes montrent souvent l'âne en érection.[228]

Unter diesem Aspekt ist es interessant, dass das Tier immer wieder in der Geschichte Erwähnung findet, und zwar immer in Verbindung mit Carriazo. Um in der *Posada* zu arbeiten, verspricht er dem Wirt genauso geschickt im Umgang mit

---

[228] Vgl. Chappez (2000) S.125

dem Esel zu sein, wie Avendaño mit der Buchhaltung[229]. Der Streit zwischen Carriazo und dem Wasserträger ist auf die Tatsache zurückzuführen, dass sein starker Esel mit einem anderen Esel, der schwächer ist, zusammenstößt und stürzt:

> (...) en un paso estrecho, al bajar de la cuesta, encontró con un asno de un aguador, que subía cargado; y como él descendía y su asno era gallardo, bien dispuesto y poco trabajado, tal encuentro dio al cansado y flaco que subía, que dio con el en el suelo, y por haberse quebrado los cántaros se derramó también el agua (...)[230].

In diesem Abschnitt ist die Rede von zwei Eseln. Der eine ist stark und ausgeruht, der andere ist müde und schwach. Dieser Unterschied wird von der Topologie des Ortes unterstützt. Carriazos Esel geht bergab, dementsprechend ist er höher gestellt als der andere, der den Berg aufsteigt. Beide Esel gehen zu Boden, und dabei wird Flüssigkeit verschwendet. Die Analogie mit dem sodomistischen Diskurs ist mehr als evident, besonders, wenn man bedenkt, dass dieses Ereignis Carriazo ins Gefängnis bringt.

Er selbst wird als Esel von der *Argüello* bezeichnet, nachdem er sie und die *Gallicia* zurückgewiesen hat. Beleidigt rief sie durch das Schlüsselloch "No es la miel para la boca del asno"[231]. Die Andeutung an den biblischen Vers "Von deinen Lippen, meine Braut, träufelt Honigsheim. Honig und Milch sind unter deiner Zunge [...][232]", aus dem Hohenlied Salomos, ist ebenfalls zu bemerken. Dieses Hohelied ist eine Sammlung von Liebesliedern. Mit dieser Intertextualität wird nochmal daran erinnert, dass die *Posada* einen Ort der christlichen Liebe zwischen Mann und Frau darstellt. Mit dieser Äußerung weist die Argüello darauf hin, dass Carriazo nicht in diese Welt gehört.

Das einleuchtendste Element bleibt das Spiel, bei dem Carriazo das Tier verliert und nur zurückgewinnen kann, indem er den Schwanz des Esels für sich in Anspruch nimmt. Nachdem diese Geschichte sich herumgesprochen hat, begannen die Kinder Carriazo aufzufordern, mit dem Spruch "¡Daca la cola!" den Schwanz zu zeigen. Als Reaktion zeigt Carriazo nur Schande und Wut. Dies leuchtet natürlich ein, wenn in Betracht gezogen wird, dass dies auf Carriazos Homosexualität

---

[229] Vgl. Cervantes (2007) Bd II, S.158

[230] Vgl. Cervantes (2007) Bd II, S.159

[231] Vgl. Cervantes (2007) Bd II, S.174

[232] Vgl. Hohelied 4;11

bezogen ist. Dieser Spruch "¡Daca la cola!" kommt mehrmals vor, aber der entscheidende Punkt ist, dass die Novelle ausgerechnet mit diesen drei Wörtern endet:

> « y su padre [Carriazo], apenas ve algún asno de aguador, cuando se le representa y viene a la memoria el que tuvo en Toledo, y teme que cuando menos se cate ha de remanecer en alguna sátira el « ¡Daca la cola, Asturiano! ¡Asturiano, daca la cola![233]. »

Es wird hier deutlich, dass diese Szene mit dem Esel Carriazo sein Leben lang verfolgt. Auch Jahre später, obwohl er verheiratet ist und Kinder hat, fürchtet er sich noch vor seiner Vergangenheit.

La burlada Aminta

In Hinblick auf das homoerotische Verhalten verbinden einige Aspekte *la burlada Aminta* mit *la ilustre fregona*. In ihrer Novelle transformiert Zayas die cervantinische Männerfreundschaft in eine Frauen-orientierte Beziehung.

Die Beziehung zwischen Flora und Aminta

Die Liebe zwischen Don Jacinto und Aminta ist ungewöhnlich für Zayas' Verhältnisse. Don Jacinto verliebt sich auf der Stelle, aber diese Liebe beruht nicht auf Gegenseitigkeit. Es war keine Liebe auf den ersten Blick, wie zum Beispiel in *aventurarse perdiendo*. Ihr Zusammentreffen findet auf indirektem Wege statt. Durch Doña Elena lässt er ihr einen Brief zukommen.

Die erste Person, die sie trifft, ist nicht Jacinto, sondern Flora, die sich als seine Schwester ausgibt. Die Theorien der Liebeskrankheit[234] zeigen deutlich, wie wichtig der erste Blickkontakt ist. Wie soll dann eine vermittelte Liebe entstehen? Viel wahrscheinlicher ist es, dass die wahre Liebesgeschichte, um die es geht, Flora und Aminta betrifft. Folgender Abschnitt ist dies betreffend besonders einleuchtend:

> Aguarda, hermano, no pasemos de aquí, que ya sabes que tengo el gusto y deseos más de galán que de dama, y donde las veo y más tan

---

[233] Vgl. Cervantes (2007) Bd II, S.198

[234] Vgl. Kap. 4.2.4

> bellas, como esta hermosa señora, se me van los ojos tras ellas y se me
> enternece el corazón[235].

Durch diese Aussage gilt Flora als die einzige von Zayas' Figuren, die explizit ein homoerotisches Begehren zugibt[236]. Dass beide Frauen sich attraktiv finden, wird durch Amintas' Antwort auf diese Äußerung bestätigt:

> Donde hay tan hermosura, que es cierto que más puede dar envidia
> que tenerla, no sé para que buscáis otra , pues tomando un espejo en
> las manos y mirándoos en él, satisfaréis vuestros deseos, porque más
> merecéis que os enamoren que no que enamoréis[237].

Unter diesen Voraussetzungen bekommt Floras Reaktion auf Jacintos Verliebtheit eine neue Interpretation:

> Y el premio de tode esto que por ti hago, no quiero que sea más del
> gusto que me dará el tuyo[238].

Diese Aussage kann zwar beim ersten Lesevorgang als Beweis ihrer Liebe für Jacinto verstanden werden. Allerdings lässt sie sich auch als Zeichen der Gleichgültigkeit interpretieren, wenn die Möglichkeit eines homoerotischen Begehrens berücksichtigt wird. Im Vergleich zu *la ilustre fregona* ähnelt dieser Abschnitt folgender Äußerung von Carriazo:

> Pero ya que sé que tú hablas de veras, de veras te serviré en todo
> aquello que fuere de tu gusto. Una sola cosa te pido, en recompensa
> de las muchas que pienso hacer en tu servicio, y es que no me pongas
> en ocasión de que la argüello me requiebre ni solicite[239];

Sowohl Carriazo wie auch Flora verlangen eine Belohnung, die sich als geringfügig erweist im Vergleich zu der entsprechenden Dienstleistung. Flora erklärt sich bereit, Jacinto zu helfen, Aminta zu heiraten, obwohl sie eifersüchtig sein sollte. Carriazo verzichtet auf die *Almadrabas*, um seinem geliebten Freund eine Chance zu geben, Costanza zu verführen.

---

[235] Vgl. Zayas (2000) S..223

[236] Vgl. Velasco (2000) S.30

[237] Vgl. Zayas (2000) S.223

[238] Vgl. Zayas (2000) S.219

[239] Vgl. Cervantes (2007) Bd II, S.165

Diese angedeutete Beziehung zwischen Aminta und Flora endet mit dem schon erwähnten Doppelmord:

> Y sacada la daga, sé la metió al traidor don Jacinto por el corazón dos o tres veces, tanto que el quejarse y rendir el alma fue todo uno.
>
> Al ruido despertó Flora, y queriendo dar voces, no la dio lugar Aminta, que la hirió por la garganta, diciendo:
>
> - ¡Traidora, Aminta te castiga y venga su deshonra!

Der obige Abschnitt zeigt deutlich, dass Aminta Flora für ihre Entehrung verantwortlich macht. Während Jacinto im Schlaf erstochen wird, gilt Amintas Rachespruch nur ihr.

Das erotische Dreieck

Bei einem Vergleich der erotischen Dreiecke in *la ilustre fregona* und *la burlada Aminta* fällt die intertextuelle Beziehung im Bezug auf ein homoerotisches Verhalten besonders auf. Wie schon gezeigt, befinden sich Carriazo, Avendaño und Costanza an den Spitzen des Dreiecks in *la ilustre fregona*. Die Figurenkonstellation der *burlada Aminta* bildet ebenfalls ein Dreieck. Durch einen direkten Vergleich sind die Gemeinsamkeiten nicht zu übersehen:

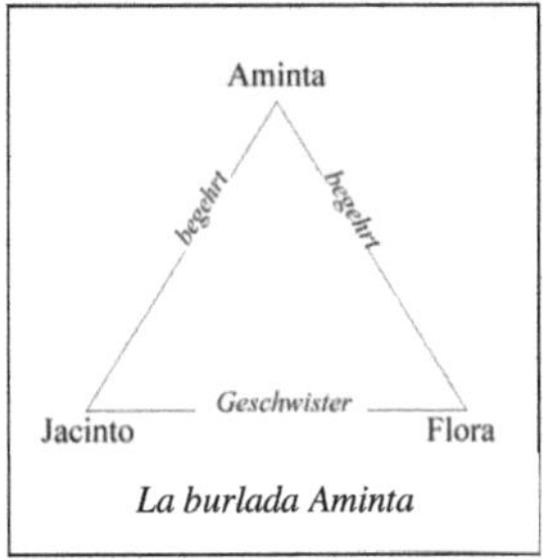

Die Gegenüberstellung dieser Graphiken zeigt deutlich die von Zayas umoperierte Transformation. Zunächst sind die Verhältnisse umgekehrt. Während das homoerotische Begehren bei Cervantes durch die steigende linke Seite des Dreieckecks dargestellt wird, wird es bei Zayas durch die absteigende rechte Seite symbolisiert. Statt zwei Männern und einer Frau, bilden zwei Frauen und ein Mann die Spitzen der Grafik. Dies impliziert eine weibliche gleichgeschlechtliche Beziehung, statt eine männliche wie bei Cervantes. So wie in *la ilustre fregona* wird auch in *la burlada Aminta* ein Familienverhältnis angezeigt, da Flora sich als Jacintos Bruder ausgibt.

Es ist jedoch zu berücksichtigen, dass diese Dreieckbeziehung künstlich ist. Sie wurde von Flora erschaffen, um Aminta zu betrügen. Im Laufe der Novelle stellt sich heraus, dass Jacinto in Wirklichkeit Francisco heißt und dass Flora nicht seine Schwester ist, sondern seine Geliebte. Darum ist anzuzweifeln, dass Floras Begehren ernst zu nehmen ist. Aminta hingegen ist die einzige ehrliche Figur in dieser Konstellation. Dementsprechend ist anzunehmen, dass ihre Gefühle für Flora es ebenso sind.

Raumanalyse

Wie gesagt gleicht Amintas Flucht aus dem Haus einer Geburt[240]. Im weiteren Verlauf der Handlung heiratet sie Don Jacinto, der sie bei Doña Luisa unterbringt. Als sie erfährt, dass sie betrogen wurde, begibt sie sich auf die Suche nach ihrem Mann und seiner Geliebten in der Absicht, sich zu rächen. Ähnlich wie bei Avendaño, kann diese Reise als eine Suche nach ihrer Geschlechtsidentität und ihrer sexuellen Orientierung betrachtet werden.

Zayas verwendet die Maskerade (oder *cross-dressing*) um diesen sexuellen Konflikt darzustellen[241]. Diese Phase ihres Lebens ist mit der Pubertät zu vergleichen. Sie bleibt eine Frau und wird, trotz der männlichen Verkleidung, weiterhin als solche dargestellt. Die Kleidungsstücke symbolisieren jedoch den männlichen Teil ihrer Persönlichkeit.

---

[240] Vgl. Kap. 4.2.4.

[241] Vgl. Kap 4.2.4.4

Die Stadt, in der Aminta Don Jacinto findet, wird nicht genannt:

> Llegaron, como digo, a la ciudad sin nombre, que importe que no le tenga, un sábado en la noche, y tomando posada segura, reposaron hasta la mañana[242].

Dadurch kann diese Stadt weder als männlich, noch als weiblich konnotiert werden. Der Doppelmord, den sie dort begeht symbolisiert ihre Entscheidung. Aus diesem Grund ist es wichtig, dass dies an einem neutralen Ort geschieht. Nach ihrem blutigen Akt tritt sie in das „Erwachsen-sein" hinein: sie übernimmt eine neue Identität: sie heiratet Don Martín und fängt ein neues Leben an.

Das homoerotische Begehren bei Zayas und Cervantes

Die Intertextualität, die zwischen *la ilustre fregona* und *la burlada Aminta* ist eindeutig, besonders durch die Analyse des erotischen Dreiecks. Sie ist aber so subtil, dass man sich mit dem Thema der Homosexualität (oder „Prähomosexualität") beschäftigen muss, um sie zu entdecken.

Da Zayas Cervantes' Motive übernimmt und sie unter der weiblichen Perspektive neu schreibt, scheint es normal, dass sie eine sexuell konnotierte Männerfreundschaft in ein lesbisches Begehren umwandelt. Beide Autoren stellen sich gegen diese sexuelle Orientierung, da keine der beiden Beziehungen mit Erfolg gekrönt wird. Es handelt sich vielmehr um die reine Darstellung eines geläufigen gesellschaftlichen Phänomens als um die Verteidigung der gleichgeschlechtlichen Liebe und Sexualität in der frühen Neuzeit.

---

[242] Vgl. Zayas (2000) S.237

Die Prostitution

Die weibliche Prostitution wurde nie als schlimm angesehen. Im Gegenteil wurde sie sogar absichtlich gefördert. Die Florentinische Regierung schuf zum Beispiel im 15. Jahrhundert die *Onestà*, deren Ziel die Ausweitung der Prostitution war, um die Sodomie zu bekämpfen[243]. In Spanien wurde sie außerdem bewusst eingesetzt, um die Kriminalität zu reduzieren. Im Mittelalter und in der frühen Neuzeit waren die Freudenhäuser öffentliche Einrichtungen, die der Stadtverwaltung unterstanden[244]. Solche Häuser, sog. *Mancebías,* befanden sich in jeder großen Stadt Spaniens[245].

Die Stadt Sevilla zum Beispiel erlebte in der zweiten Hälfte des 16. Jahrhundert eine massive Immigrationswelle. Die Mehrheit dieser Neuankömmlinge war jedoch junge Männer, die vom Handel mit Amerika profitieren wollten. Dies führte zu einer demographischen Explosion, infolge derer sich die Kriminalitätsrate erhöhte[246].

Allerdings trat in Europa eine neue Krankheit auf, die die institutionalisierte Prostitution in Frage stellte: die Syphilis[247]. In dieser Zeit der Reformation und der Gegenreformation galten die regelmäßigen Epidemien als Vorboten der Apokalypse. Dies führte im 17. Jahrhundert zu einer Radikalisierung der Moral in der Gesellschaft. *Congregaciones* wurden gegründet, um juristisch gegen die *mancebías* vorzugehen[248]. Ab 1559 erhielten diese Gruppen die Unterstützung der Inquisition, die den Verkehr mit Prostituierten untersagte[249]. 1623 verbot ein königlicher Erlass die *mancebías* offiziell.

La ilustre fregona

Die *novelas ejemplares* wurden 1613 veröffentlicht, also 10 Jahre vor der offiziellen Schließung der *mancebías*. Die Debatte um die Prostitution erreichte zu dieser Zeit ihren Höhepunkt. Dass Cervantes diesen Aspekt der Sexualität in seiner

---

[243] Vgl. Carrasco (1997) S.59

[244] Vgl. Mengíbar/García (1997) S.34

[245] Vgl. Mengíbar/García (1997) S.33

[246] Vgl. Mengíbar/García (1997) S.40

[247] Vgl. Ringdal (2006) S.208

[248] Vgl. Mengíbar/García (1997) S.43

[249] Vgl. Mengíbar/García (1997) S.45

Novellensammlung ausgespart hätte, ist schwer zu glauben, besonders wenn die Vielzahl an Hinweisen auf Homosexualität oder Impotenz berücksichtigt wird.

Einige Elemente aus der *Ilustre fregona* weisen darauf hin, dass die *posada* in Wirklichkeit ein Freudenhaus ist. Als Carriazo durch Avendaño erfährt, dass Costanza nie beim Putzen gesehen wurde, schließt er daraus, dass sie eine Prostituierte sein muss. Später wird dies zwar widerlegt, aber der Gegensatz zwischen Costanza und den anderen Frauen des Hauses wirkt dadurch umso größer.

> Luega esta niña, a esa cuenta – replicó el caballero – debe de dejarse manosear y requebrar de los huespedes.
>
> ¡sí! - respondió la Gallega - : ¡tenedle el pie al herrar! ¡Bonita es la niña para eso! Par Dios, señor, si ella se dejara mirar siquiera, manara en oro; es más áspera que un erizo; es una tragaavemarías; labrando está todo el día y rezando. Para el día que ha de hacer milagros quisiera yo tener un cuento de renta. Mi ama dice que trae un silencio pegado a las carnes; ¡tome qué, mi padre![250]

Die Auftritte dieser anderen Frauen, nämlich die *Argüello* und die *Gallega*, werden schließlich im Laufe der Novelle ständig von sexuellen Konnotationen begleitet.

> Pero lo primero que advirtieron fue en que les habían de pedir que no las habían de pedir celos por cosas que las viesen hacer de sus personas, porque mal pueden regalar las mozas a los de dentro si no hacen tributarios a los de fuera de casa. « Callad, hermanos – decían ellas, como si los tuvieran presentes y fueran ya sus verdaderos mancebos o amancebos-; callad y tapaos los ojos, y dejad tocar el pandero a quien sabe y que guíe la danza quien la entiende, y no habrá par de canónigos en esta ciudad más regalados que vosotros lo seréis destas tributarias vuestras. »[251]

Die Tatsache, dass die beiden Frauen ihren Körper verkaufen, sollte dem Leser nach dieser Textpassage nicht entgangen sein.

Dass der Besitzer der *posada* aus Sevilla stammt, ist kein Zufall. Diese Stadt hat einen direkten Bezug zur Prostitution. Im Gegensatz zu anderen Städten, wo die

---

[250] Vgl. Cervantes (2007) Bd II, S.193

[251] Vgl. Cervantes (2007) Bd II, S.159

mancebía sich außerhalb der Stadt befindet, liegt sie in Sevilla im Herzen der Stadt:

> En Sevilla, sin embargo, a pesar de que la voluntad de las autoridades municipales era relegar la mancebía al exterior, la realidad fue que el burdel se instaló junto al puerto, verdadero corazón de la ciudad, más precisamente en el barrio del Arenal, pegado al río y conocido como Compás de la Lagune. De un lado cerrándola por el Oeste, la mancebía limitaba con la muralla de la ciudad; y por el lado Este, una tapia de madera por rodearla completamente[252].

El castigo de la miseria

Zusätzlich zu ihrer Ähnlichkeit mit der cervantinischen Novelle *el casamiento engañoso* beinhaltet *el castigo de la miseria* sehr viele Anspielungen auf *la ilustre fregona*. Diese deuten darauf hin, dass das angebliche Haus von Doña Isidora in Wirklichkeit auch als *mancebía* zu interpretieren ist.

Genau wie die *posada* in *la ilustre fregona* wird Doña Isidoras Haus christlich konnotiert[253]:

> A la cual halló entre tantos demascos, escritores y cuadros, que más parecía casa de señora de título que de particular; con un estrado tan rico y la casa con tanto aseo, olor y limpienza que parecía, no tierra, sino cielo [...][254].

Diesem Zitat folgt eine direkte Anspielung auf Costanza:

> Enía consigo dos críadas, una de labor y otra de todo y para todo, que a nos er nuestro hidalgo tan compuesto y tenerle el poco comer tan mortificado, por solo ellas pudiera casarse con su ama, porque tenían tan buenas caras como desenfado, **en particular la fregona, que pudiera ser reina, si se dieran los reinos por hermosura**"[255]

Zur Vorstellung der beiden Dienerinnen ist folgendes zu bemerken: Die eine ist für die Arbeit verantwortlich und die andere für alles und alle. Obwohl das Motiv

---

[252] Vgl. Mengíbar/García (1997) S.38

[253] Vgl. Kap. 8.2.3

[254] Vgl. Zayas (2000) S.257

[255] Vgl. Zayas (2000) S.257

der Prostitution nie namentlich erwähnt wird, sind einige Formulierungen sehr eindeutig.

Don Marcos und Carriazo

Ein weiterer intertextueller Satz, der beide Novellen miteinander verbindet, bildet das Zitat:

> Viniendo a Madrid en una Mula y con un mozo que, por venir en su compañia se había aplicado a servirle por ahorrar de gasto, le envió en un lugar por un cuarto de vino, y mientras que fue el mozo por él, se puso a caballo y se partió [...][256].

Die hier dargestellte Ankunft von Don Marcos in Madrid erinnert sehr an Carriazos Rückkehr nach Valladolid, nach drei Jahren in den *Almadrabas*:

> Todo esto hizo según y como le dieron comodidad quinientos reales con que llegó a Valladolid, y aun dellos reservó ciento para alquilar una mula y un mozo, con que se presentó a sus padres honrado y contento[257].

Obwohl beide Figuren auf die gleiche Weise in ihre jeweilige Stadt einziehen, nämlich mit einem Maultier und einem Diener, sind ihre Verhaltensweisen diametral entgegengesetzt. Während der eine Geld für diese glänzende Ankunft gespart hat, flieht der andere, um seinen Diener nicht bezahlen zu müssen. Beide teilen jedoch den Umstand, dass sie aufgrund ihrer Impotenz[258] bzw. sexuellen Orientierung[259] in einem Freudenhaus fehl am Platz sind, sei es die *posada* der Sevillaner oder Doñas Isidoras angebliches Haus.

Die Umkehrung der Gender

So wie Zayas das erotische Dreieck der *ilustre fregona* in *la burlada Aminta* umkehrte[260], wird das Prinzip des cervantinischen Freudenhauses in *el castigo de la miseria* umgewandelt. In diesem Haus ist Don Agustín der einzige, der das Verhalten eines Prostituierten aufweist:

---

[256] Vgl. Zayas (2000) S.255

[257] Vgl. Cervantes (2007) S.142

[258] Vgl. Kap. 7.

[259] Vgl. Kap. 8.2.

[260] Vgl. Kap. 8.3.2.

<blockquote>
[...] era el caso que el señor don Agustín era galán de doña Isidora, y por comer, vestir y gastar a título de sobrino, no sólo llevaba la carga de la vieja, mas otras muchas, como eran las conversaciones de damas y galanes, juegos, bailes y otra cosillas de este jaez[261].
</blockquote>

Statt mehrerer Frauen, die zur Befriedigung von Männern zu Verfügung stehen, lebt in Zayas' Bordell ein Mann, der für die Befriedigung mehrerer Frauen verantwortlich ist. Was Anderes wäre von María de Zayas nicht zu erwarten. Die Prostitution symbolisiert die Unterdrückung und die Ausbeutung der Frau. Dementsprechend steht sie für alles, was Zayas in ihren *novelas amorosas* streng kritisiert. Durch diesen Gender-Tausch (der Mann als Prostituierter für Frauen) veranschaulicht sie ihren Willen zur Gleichberechtigung, der schon Thema ihres Prologs war.

---

[261] Vgl. Zayas (2000) S.276

Schlussbetrachtung

Dass Zayas von Cervantes beeinflusst wurde, als sie ihre *novelas amorosas* schrieb, lässt sich nicht leugnen, denn eine solche Intertextualität kann nicht dem Zufall zugeschrieben werden. Nach einem direkten Vergleich der beiden Werke (*novelas amorosas* und *novelas ejemplares*) ist zu erkennen, dass es sich um viel mehr als eine einfache Intertextualität handelt. María de Zayas eignet sich die cervantinischen Novellen an und schreibt sie komplett neu. Damit kann man schon von hypertextuellen Beziehung zwischen den beiden Werken sprechen.

Bei dieser *ré-écriture* spielen die Grenzen der einzelnen Novelle keine Rolle. Sie konnte eindeutig Cervantes Strategien erkennen, die zur Dissimulation bestimmter Themen wie Prostitution oder Homosexualität dienen. In ihren *novelas amorosas* werden diese Themen neu gemischt, sodass eine Kurzgeschichte von Zayas verschiedene cervantinische Novellen aufgreift. *La burlada Aminta* ist hierfür ein treffendes Beispiel: Bereits beim ersten Lesen offenbart sich die Verbindung dieser Novelle zu *las dos doncellas*. Mittels einer Analyse der Darstellung der Frau zeigen sich zusätzlich deutliche Anspielungen auf *el celoso extremeño* und was homoerotisches Begehren betrifft, sind Bezüge auf *la ilustre fregona* nicht zu übersehen.

Ein weiteres Beispiel ist *el castigo de la misería*. Die Verbindung zu *el casamiento engañoso* ist offensichtlich, wobei durch direkte Anspielungen auf *la ilustre Fregona* Doña Isidoras angebliches Haus als Bordell erscheint. Dies beeinflusst natürlich die Rezeption ihrer Identität, denn abhängig davon ob der Leser diese Andeutungen versteht, wird sie entweder als hochadlige Dame oder als Prostituierte interpretiert.

Zu dieser intertextuellen Beziehung ist hinzuzufügen, dass Zayas nicht nur die cervantinische Motive übernimmt, sondern sie an ihr „vorfeministisches" Ideal anpasst. Die spanische Gesellschaft des 17. Jahrhunderts wird von einer geschlechtlichen Ungleichheit geprägt. In dieser Zeit wird angenommen, dass der Mann in jeder Beziehung der Frau überlegen ist. Als eine der wenigen schriftstellerisch tätigen Frau stellt sich María de Zayas gegen diese Haltung. Dies ist aus dem Prolog zu den *novelas amorosas* klar ersichtlich. Dabei stellt sie die philosophischen und medizinischen Diskurse des Siglo de Oro in Frage, die diese Ungleichheit stützen.

Bei der Übernahme cervantinischer Motive fügt Zayas ihre kritische Haltung zur Gesellschaft ihrer Zeit hinzu. Dadurch ergibt sich eine Umkehrung der Genderperspektive, die es uns erlaubt, eine männliche und eine weibliche Auffassung zum gleichen Thema miteinander zu vergleichen.

Dieser Vergleich ergibt sehr interessante Unterschiede. Bei Cervantes steht die Hochzeit für ein glückliches Ereignis und den Triumph der Liebe: Meistens heiratet der Held am Ende der Handlung die Frau, in die er sich verliebt hat. Bei Zayas hingegen ist die Realität herauszulesen, in der Hochzeit und Liebe nichts miteinander zu tun haben: Die Frau ist die Ware, die bei einem Geschäft (*negocio*) zwischen den Eltern und dem zukünftigen Ehemann eingetauscht wird. Jedoch schließt Zayas Hochzeiten als glückliche Ereignisse nicht aus, dies aber nur, wenn sich die Frau aus den Fesseln der patriarchalen Gesellschaft löst.

Als Symbol für die Minderwertigkeit und Ausbeutung der Frauen wird die cervantinische Prostitution subtil umgekehrt. Die Damen des Hauses erweisen keine sexuellen Dienste, sondern nehmen sie in Anspruch, und zwar von dem einzigen Mann, der in diesen weiblichen Innenraum gehört. Das in *la ilustre fregona* dargestellte Modell der Männerfreundschaft wird ebenfalls übernommen. Durch die Umkehrung der Genderperspektive wird allerdings diese Art der männlichen Homosexualität zu einem lesbischen Begehren.

Diese direkte Gegenüberstellung der Meinungen eines Mannes und einer Frau ist allerdings nicht auf die ganze Bevölkerung zu übertragen. Zayas liefert zwar ein kritisches Bild der männlich geprägten Gesellschaft, allerdings repräsentiert sie eine Minderheit der Frauen. Nichtsdestoweniger liefert die Entschlüsselung der verfremdeten Themen einen interessanten Einblick in die Gesellschaft des Siglo de Oro.

Literaturverzeichnis

Primärliteratur

Cervantes Saavedra, Miguel de: Novelas ejemplares. Sieber, Harry [Hg]. Madrid: Cátedra 2007

Zayas y Sotomayor, María de: Novelas amorosas y ejemplares. Olivares, Julián [Hg]. Madrid: Cátedra 2000

Zayas y Sotomayor, María de: Desengaños amorosos. Yllera, Alicia [Hg] Madrid: Cátedra 1983

Sekundärliteratur

Aristoteles: Über die Seele. Flashar Hellmut [Hg]. Darmstadt: Wissensschaftliche Buchgesellschaft 1983

Birchler, Urs Benno: Der Liebeszauber (Philtrum) und sein Zusammenhang mit der Liebeskrankheit in der Medizin besonders des 16.-18. Jahrhunderts. Zürich: Universität 1975

Butler, Judith: Das Unbehagen der Geschlechter. Frankfurt am Main: Suhrkamp 1991

Carrasco, Raphael: Lazare sur le trottoir ou ce que ne dit pas le roman picaresque. In: Carrasco, Raphael [Hg]: „La prostitution en Espagne. De l'époque des rois catholiques à la IIe République". Paris 1994

Carrasco, Raphael: Sodomiten und Inquisitoren im Spanien des sechzehnten und siebzihnten Jahrhunderts. In: Alain Corbin [Hg]: Die sexuelle Gewalt in der Geschichte. Frankfurt am Main: Fischer-Taschenbuch Verlag 1997

Clarke, Edwin/ Dewhurst, Kenneth: Die Funktionen des Gehirns: Lokalisationstheorien von der Antike bis zur Gegenwart. München: Heinz Moos Verlag 1973

Covarrubias Horozco, Sebastián de: Tesoro de la lengua castillana o española. Arellano, Ignacio [Hg]. Madrid: Univ. de Navarra 2006

Ficino, Marsilio: Über die Liebe oder Platons Gastmahl. Paul Richard Blum [Hg]. Hamburg: Felix Meiner Verlag 1994

Foucault, Michel: Histoire de la sexualité. L'usage des plaisirs. Paris: Gallimard 1984

Greer, Margaret R.: María de Zayas Tells Baroque Tales of Love and the Cruelty of Men. University Park: Pennsylvania Univ. Press 2000

Grammatzki, Susanne: Was Frau wissen darf – Bildungskonzepte und Geschlechterentwürfe im Quattro- und Cinquecento. In: Klinger J./Thiemann S. [Hg]: „Geschlechtervariationen: Gender-Konzepte im Übergang zur Neuzeit". Potsdam: Universitätsverlag 2006

Halperin, David M.: Ein Wegweiser zur Geschichtschreibung der männlichen Homosexualität. In: Kraß, A. [Hg]: Queer Denken. Frankfurt am Main: Suhrkamp 2003

Hippocrates: La nature de l'homme. Jouanna, Jacques [Hg]. Berlin: Akad. Verlag 1975

Jordan, Constance: Renaissance Feminism – literary Texts and political models. New York: Cornell Univ. Press 1992

Jung, Ursula: Novellenerzählen und Geschlecht im Siglo de Oro: María de Zayas' ré-écriture der cervantinischen Novelle. In: Renate Kroll & Margarete Zimmermann [Hg.] „Gender Studies in den romanischen Literaturen: Revisionen, Subversionen". Bd. 1. Frankfurt a. M., 1999. S. 133-155.

King, Margaret L.: Frauen in der Renaissance. München: Beck, 1993

Klawitter, Arne/Ostheimer, Michael: Literaturtheorien – Ansätze und Anwendungen. Göttingen: Vandenhoeck & Ruprecht 2008

Kompass Bibel. Stuttgart: Deutsche Bibelgesellschaft 2002

Köppe, Tilmann / Winko, Simone: Neuere Literaturtheorien: Eine Einführung. Stuttgart: Verlag J.B. Metzler 2008

Kraß, Andreas: Das erotische Dreieck. Homosoziales Begehren in einer mittelalterlichen Novelle. In: Kraß, A. [Hg]: Queer Denken. Frankfurt am Main: Suhrkamp 2003

Leopold, Stephan: Der Roman als Verschiebung: Studien zu Mythos, Intertextualität und Narratologie in Terra Nostra von Carlos Fuentes. Tübingen: Narr 2003

Leopold, Stephan: Der Neger zwischen den Türen – oder die Dekonstruktion des spanischen Hauses in den Novelas Ejemplajes. In: Ehrlicher, Hanno/Poppenberg, Gerhard [Hg]: Cervantes' Novelas ejamplares im Streitfeld der Interpretationen. Berlin: Tranvia 2006.

Leopold, Stephan: Echo lernt sprechen: Taktik in Gaspara Stampas petrarkistischen Rime (1154). In: Klinger J./Thiemann S. [Hg]: „Geschlechtervariationen: Gender-Konzepte im Übergang zur Neuzeit". Potsdam: Universitätsverlag 2006

Lotman, Jurij M.: Die Struktur literarischer Texte. München: Fink Verlag 1986

Martschukat, Jürgen / Stieglitz, Olaf: „Es ist ein Junge!" Einführung in die Geschichte der Männlichkeiten in der Neuzeit. Tübingen: Ed. Diskord 2005

Pérez-Erdélyi, Mireya: La imagen de las mujeres en las novelas picaresco-cortesanas de María de Zayas y Sotomayor y Alonso de Castillo Solorzano. New Brunswick: Univ. Press 1977

Platon: Das Gastmahl. Stuttgart: Reclam 2008

Reinsberg, Carola: Ehe, Hetärentum und Knabenliebe im antiken Griechenland. München: Beck 1989

Ringdal, Nils J.: Die neue Weltgeschichte der Prostitution. München: Piper Verlag 2006

Schabert, Ina: Engliche Literaturwissenschaft. Eine neue Darstellung aus der Sicht der Geschlechterforschung. Stuttgart: Alfred Kröner 1997

Schößler, Franziska: Einführung in die Gender Studies. Berlin: Akademie Verlag 2008

Schott, Heinz: Synästhesie, Sympathie und sensus communis: zur medizinischen Anthropologie in der frühen Neuzeit. In: Adler, Hans [Hg]: „Synästhesie: Interferenz – Transfer – Synthese der Sinne". Würzburg: Königshaus & Neumann 2002

Steffen, Therese F.: Gender. Leipzig: Reclam 2006

Thiemann, Susanne: Sex Trouble: Die Bärtige Frau bei osé de ribera, Luis Vélez de Guevara und Huarte de San Juan. In: Klinger J./Thiemann S. [Hg]: „Geschlechtervariationen: Gender-Konzepte im Übergang zur Neuzeit". Potsdam: Universitätsverlag 2006

Tolan, Fiona: Feminism. In: Waugh, Patricia [Hg]: „Literary Theory and Criticism". New York: Oxford Univ. Press 2006

Vigil, Mariló: La vida de las mujeres en los siglos XVI y XVII. Madrid: Siglo veintiuno 1986

Velasco, Sherry M.: María de Zayas and Lesbian Desire in Early Modern Spain. In: Chávez-Silvermann, Susana/Hernández, Librada [Hg]: "Reading and Writing the Ambiente: Queer Sexualities in Latino, Latin American, and Spanish Culture". Wisconsin: Univ. Press 2000

Vives, Juan L.: Obras completas. Lorenzo Riber [Hg]. Band I. Madrid: Aguilar 1947

Weich, Horst: Domestikation und Enklave. Zum Ort der Frau in El celoso estremeño. In: Ehrlicher, Hanno/Poppenberg, Gerhard [Hg]: „Cervantes' Novelas ejamplares im Streitfeld der Interpretationen". Berlin: Tranvia 2006.

Xirau, Joaquín: Liebe und Welt. Freiburg/München: Verlag Karl Alber 2007

Zeiner, Monika: Der Blick der Liebenden und das Auge des Geistes: Die Bedeutung der Melancholie für den Diskurswandel in der Scuola Siciliana und im Dolce Stil Nuovo. In: Stauf, R/Wiedemann, C. [Hg]: „Germanisch-romanische Monatsschrift", Beiheft 27. Heidelberg: Winter 2006

Online-Ressourcen

Amasuno, Marcelino V.: *El saber médico tras el prólogo del libro de buen amor: „amor loco" y „amor hereos".* Alcalá la Real 2002 URL: http://cvc.cervantes.es/obref/arcipreste_hita/amasuno.htm (07.01.09)

Chappez, Gérard: *L'âne – histoire, mythe et réalité.* Paris: Cabedita 2000 URL http://books.google.com/books?id=klMMY9I934YC&printsec=frontcover (05.08.08)

Moreno Mengibar, Andrés / Vásquez García, Francisco: *Poderes y prostitución en españa (siglo XIV-XVII). El caso de Sevilla.* Criticón: Número 69/1997. URL: http://cvc.cervantes.es/obref/criticon/PDF/069/069_035.pdf (25.08.08)

Ovid: *Remedia amoris.* Leipzig: Verlag von Wilhelm Engelmann 1861 URL: http://gutenberg.spiegel.de/?id=5&xid=1984&kapitel=5&cHash=abcc7759912#gb_found (22.02.09)

Serés, Guillermo: *La transformación de los amantes.* Barcelona: Crítica 1996. URL: http://www.fyl.uva.es/~wjblasco/Lirica/SERES.htm (07.01.09)

Stella, Alessandro: *Des esclaves pour la liberté sexuelle de leurs maîtres*, Clio,
Nr. 5/1997, Guerres civiles. URL: http://clio.revues.org/document419.html
(01.07.08)

Gewaltdarstellung in Miguel de Cervantes *Novelas ejemplares*

Franziska Janke, 2014

Einleitung

Gewalt, ein Begriff der jedem Menschen weltweit geläufig ist und den nahezu jeder mit körperlichen Schädigungen assoziiert, die in Form von Straftaten herbeigeführt werden. Hierbei spielen insbesondere die Medien eine bedeutende Rolle, denn sie vergegenwärtigen den Menschen jeden Tag aufs Neue, wie schnell jeder Einzelne von Gewalt betroffen sein kann. Sei es durch Kriege, Mord, Schlägereien oder Vergewaltigungen. Dabei spielt es keine Rolle, welcher gesellschaftlichen Schicht die von der Gewalt betroffenen Personen angehören. Es kann sich sowohl um Menschen aus der Unterschicht, dem Mittelstand oder auch der Oberschicht handeln, die zu Tätern oder Opfern werden. Bezüglich der physischen Gewalt existiert vornehmlich das Stereotyp, bei den Tätern handele es sich um Personen der Unterschicht, die zudem aus anderen Nationen stammen. Im Gegenzug dazu werden diverse Berufsgruppen und die Oberschicht vornehmlich der Korruption bezichtigt. Dass Korruption ebenfalls eine Form der Gewalt darstellt, wird von vielen Leuten jedoch weder bedacht noch in Erwägung gezogen. In gleicher Weise wird der Naturgewalt wenig Bedeutung beigemessen. Es wird vielmehr in Betracht gezogen, dass Naturkatastrophen vornehmlich wirtschaftliche Schäden anrichten können und gelegentlich Todesopfer fordern. Die geringste Beachtung findet jedoch die psychische Gewalt unter der allerdings nahezu jede Person leidet und mit der man tagtäglich im eigenen Leben konfrontiert werden kann. So spiegelt sich diese vornehmlich in Bildungseinrichtungen, an Arbeitsplätzen oder auch in sozialen Netzwerken wieder. Sie ist die Form der Gewalt, die am einfachsten, heutzutage auf anonyme Weise, begangen werden kann. Wer wurde noch nicht Opfer einer verbalen Attacke oder verübte eine solche Tat, wenn auch unbewusst? Und welche verheerenden Auswirkungen kann die psychische Gewalt auf die Opfer haben?

Allerdings kann psychische Gewalt auch auf vieles mehr zurückzuführen sein und die Folge von anderen Gewalttaten begünstigen oder sogar selbst die Folge einer anderen Straftat sein. All diese Formen der Gewalt, egal ob physisch, psychisch oder strukturell, bestehen seit Menschengedenken und wiederholen sich stets und ständig. Daher ist es nicht weiter verwunderlich, dass sich die Gewalt nicht nur im täglichen Leben wiederspiegelt, sondern auch in anderen Bereichen wie der Kunst, im Film oder aber auch in der Literatur. Dieser Problematik hat sich auch Miguel de Cervantes in seinen Werken, die er bereits im 16. und 17. Jahrhundert verfasste, angenommen. So auch in den *Novelas ejemplares*, die im Jahr 1613 veröffentlicht wurden (vgl. Peinado 2003: 17 ff.).

Ziel der vorliegenden Arbeit ist es, die verschiedenen Gewaltformen an Hand der exemplarischen Novellen *La fuerza de la sangre* und *El amante liberal* von Miguel de Cervantes aufzuzeigen und darzustellen, inwieweit die Werke von Cervantes mit seinem Privatleben in Verbindung stehen. Somit erfolgt zu Beginn der Arbeit eine Definition des Begriffs Gewalt und den damit in Zusammenhang stehenden diversen Formen der Gewalt. Danach erfolgt ein kurzer Abriss über die Biografie von Miguel de Cervantes. Im zweiten Teil der Arbeit werden sowohl Ort, Zeit und Erzählperspektive der beiden Handlungen, als auch die Protagonisten näher erläutert. Des Weiteren werden die verschiedenen Formen der Gewalt an Hand der Werke *La fuerza de la sangre* und *El amante liberal* dargestellt. Dabei handelt es sich insbesondere um die physische, psychische und strukturelle Gewalt und zusätzlich die Naturgewalt. Am Ende der vorliegenden Arbeit erfolgt schließlich die Auswertung der vorangegangenen Kapitel.

Definition Gewalt

Dem deutschen Duden (2013a, [Online]) nach wird Gewalt als „Macht, Befugnis, das Recht und die Mittel, über jemanden, etwas zu bestimmen, zu herrschen" oder auch „unrechtmäßiges Vorgehen, wodurch jemand zu etwas gezwungen wird", beziehungsweise „[gegen jemanden, etwas rücksichtslos angewendete] physische oder psychische Kraft, mit der etwas erreicht wird" definiert. Neben der physischen und psychischen Gewalt existieren noch andere Formen der Gewalt. Dies können unter anderem die strukturelle, kulturelle, politische, kollektive oder auch die Naturgewalt sein. In den beiden Werken *La fuerza de la sangre* und *El amante liberal* von Cervantes sind vor allem die physische und psychische Gewalt vorherrschend, jedoch spielt auch in einem gewissen Maße die Naturgewalt eine Rolle. Bei der bekanntesten Form der Gewalt, nämlich der physischen, geht es insbesondere darum, anderen Menschen vorsätzlich und körperlich zu schaden. Dieser Hergang kann in drei verschiedene Untergruppen gegliedert werden: der lozierenden, der raptiven und der autotelischen Gewalt.

Die lozierende Gewalt zeichnet sich dadurch aus, dass eine Person entfernt werden soll, um etwas Anderes zu erreichen, wie beispielsweise bei einem Krieg oder einem Mord (vgl. Gudehus / Christ 2013: 1 f.). Ein Mord definiert sich dadurch, dass die Täter bereit sind, über Leichen zu gehen, um ihre eigenen Interessen zu wahren und durchzusetzen. Diese Art der Tötung wird als äußerst empörend empfunden, da sie zuvor geplant und entsprechend gewollt ausgeführt wird. Es steht dabei jedoch nicht nur die reine Mordlust im Vordergrund, sondern oftmals auch Habgier oder andere niedere Beweggründe, die zu einem Mord führen. Festzuhalten ist hierbei, dass die Taten aus den verschiedensten Beweggründen verübt werden können: zweckrational, wertrational, affektuell oder traditionell. Personen, die einen Mord verüben, müssen daher nicht zwangsweise eine Psychopathie[262] aufweisen und können somit in die folgenden Kategorien unterteilt werden:

---

[262] Die Psychopathie ist eine Form der Persönlichkeitsstörung, die oftmals mit Gewalt einhergeht (vgl. Dr. med. Nonnenmacher 2014, [Online]).

1. Criminal Enterprise Murder

   • Der persönliche Gewinn steht im Vordergrund (z. B. Erlangung ma-
     terieller Güter)

2. Personal Cause Murder

   • Emotionale Konflikte von mindestens zwei Personen (z. B. Rache)

3. Sexual Homicide

   • Mord in Zusammenhang mit Sexualdelikten (z. B. Triebtäter)

4. Group Cause Homicide

   • Gruppenmorde (Ein Täter allein ist oftmals nicht in der Lage einen
     Mord zu begehen.) (vgl. Scheerer 2013: 141 ff.)

Bei der raptiven Gewalt werden bestimmten Körperteilen Gewalt zugefügt, meist
in Form von Verletzungen. Diese Art der Gewalt tritt vor allem bei Vergewaltigungen auf (vgl. Gudehus / Christ 2013: 2). Diese definiert Mühlhäuser (2013:
164) wie folgt:

> Vergewaltigung bezeichnet die Penetration von Vulva, Vagina, Anus oder Mund, zu der ein
> oder mehrere Täter eine Person gegen ihren Willen oder ohne ihr Einverständnis zwingen. [...]
> Eine Vergewaltigung kann mit anderen Gewaltpraxen einhergehen, etwa Schlägen und Tritten,
> dem Einsatz von Waffen, Verbrennungen oder Mord.

Des Weiteren beschreibt sie, dass in einigen Fällen die Opfer systematisch in einen Zustand gebracht werden, bei dem sie nicht mehr Herr ihrer physischen und
psychischen Fähigkeiten sind, beispielweise bei der Bewusstlosigkeit. Bekannt ist
hier heutzutage besonders der Einsatz von K.O.-Tropfen. Während dieses Zustan-
des sind die Opfer nicht fähig, ihre Ablehnung gegen den sexuellen Akt zum Ausdruck zu bringen. Zudem handelt es sich bei den Opfern fast ausschließlich um
Frauen und Mädchen. Ferner wurde eine Vergewaltigung bis in die 1960er selten
als einen Akt der Gewalt angesehen, sondern vielmehr als natürlicher Ausdruck
der männlichen Sexualität (vgl. Mühlhäuser 2013: 164, 168). Einer Vergewaltigung kann jedoch noch eine andere Form der raptiven Gewalt vorrausgegangen
sein, um die Person für weitere Zwecke, beziehungsweise die eigenen Interessen
einzusetzen. Bei der gemeinten Gewaltform handelt es sich um eine Entführung,
bei der ein Individuum, meist gewaltsam, von einer anderen Person, beziehungsweise Personen, an einen bestimmten Ort verschleppt wird (vgl. Duden 2013b,
[Online]). Bei der dritten Kategorie der physischen Gewalt, der autotelischen,
wird die Gewalt nur ihrer Selbst willen verübt. Einfach weil die Möglichkeit dazu

besteht. Zu dieser Sparte zählt beispielsweise die Folter (vgl. Gudehus / Christ 2013: 2).

Neben der physischen Gewalt ist die psychische Gewalt ein wichtiger Bestandteil der vorliegenden Arbeit, denn sie entsteht oftmals in Folge von erfahrener physischer Gewalt. Diese wird von dem Bundesverband Frauenberatungsstellen und Frauennotrufe (2014, [Online]) wie folgt definiert:

> „Psychische Gewalt beschreibt alle Formen der emotionalen Schädigung und Verletzung einer Person, beispielsweise durch direkte psychisch-verbale Drohungen, Beleidigungen oder einschüchterndes und kontrollierendes Verhalten.“

Dabei handelt es sich um eine Form der Gewalt, die zunächst nicht offen sichtbar ist und oftmals mit physischer Gewalt einhergeht, denn häufig werden Personen erst verbal angegriffen und im Anschluss körperlich. Letztendlich möchte der Täter, der die psychische Gewalt ausübt, sein Opfer in jeglicher Hinsicht herabwürdigen, beispielsweise dessen Aussehen. Diese Art der Gewalt hat für die Opfer oftmals verheerende Folgen. Zum einen begeben sie sich häufig in die soziale Einsamkeit und schotten sich mehr und mehr von ihrem Umfeld ab, aber auch Selbstmordgedanken und Schlimmeres können Folgen der psychischen Gewalt sein (vgl. Hoffmann 2014, [Online]). Die physische und psychische Gewalt kann jedoch auch in Folge anderer Gewaltformen auftreten wie beispielsweise der Naturgewalt. Laut dem deutschen Duden (2013c, [Online]) ist eine Naturgewalt eine „elementare Kraft [bestimmter Erscheinungen] der Natur“. Diese Erscheinungen können Unwetter, Dürren, verschiedene Stürme, Lawinen oder auch Erdrutsche sein. Heutzutage wird diese Form der Gewalt nicht mehr nur allein durch höhere Gewalt verursacht, sondern auch durch den Menschen und dessen industriellem Fortschritt, der beispielsweise zu einem Klimawandel führt, hervorgerufen. Des Weiteren können die verschiedenen Naturkatastrophen auch andere Formen der Gewalt zum Vorschein bringen. Zum einen die bereits angesprochene physische und psychische Gewalt, die insbesondere durch den Kampf um Ressourcen entstehen und zum anderen kann dadurch die strukturelle Gewalt entstehen. Sie ergibt sich vor allem durch Ungleichheiten in Staaten. Dies bezieht sich insbesondere auf die Ungleichheit von Wohlstand, Bildungschancen und Ähnlichem, die jedoch keinem eindeutigen Täter zugewiesen werden kann (vgl. Gudehus / Christ 2013: 3, 13).

Gewalt existiert jedoch nicht nur ausschließlich in der Realität, sondern auch im Film oder in der Literatur. In der Literatur findet sie sich vor allem in der Darstellung von Handeln und Erleben wieder. Diesbezüglich ist zu bemerken, dass reale Gewaltereignisse nicht als reine Vorlagen dienen. In der Literatur werden Gewaltereignisse ästhetisiert dargestellt, im Gegensatz zur Berichterstattung in Nachrichten. Die Taten von gewalttätigen Figuren werden nicht immer zwangsläufig detailliert beschrieben, sondern können auch in Form von Herrschafts- und Machtstrukturen dargestellt werden. Zudem werden die verschiedenen Gewaltformen durch definierte Geschlechter dargestellt. Somit wird die physische Gewalt den maskulinen und die psychische Gewalt eher den femininen Figuren zugeordnet (vgl. Geier 2013: 263 ff.).

Miguel de Cervantes

Miguel de Cervantes Saavedra wurde 1547 in dem spanischen Ort Alcalá de Henares, als Sohn einer verarmten Adelsfamilie geboren. Er studierte in Salamanca und Madrid Theologie und flüchtete 1569, auf Grund von Konflikten mit der spanischen Justiz, nach Rom, wo er zunächst als Kammerdiener arbeitete. Anschließend begab er sich in den Dienst der spanischen Armee und nahm an der *Seeschlacht von Lepanto* gegen das Osmanische Reich teil (vgl. Art Directory 2014, [Online]). Obwohl bei der Schlacht Cervantes' linke Hand schwer verletzt wurde und er dadurch fortan mit einer Behinderung leben musste, diente er weiterhin der spanischen Armee. Im Jahr 1575 trat er zusammen mit seinem Bruder Rodrigo die Heimreise nach Spanien an. Auf der Schiffsreise wurden sie jedoch überfallen und als Gefangene nach Algerien gebracht. Dort blieb er von Folter und Misshandlungen auf Grund eines Empfehlungsschreibens verschont, denn die Geiselnehmer hielten ihn für eine bedeutende Person, für die sie ein hohes Lösegeld fordern konnten (vgl. Krauss 1966: 30). Er verbrachte fünf Jahre in Gefangenschaft, bis er schließlich von einem Trinitarier-Orden freigekauft wurde und nach Spanien zurückkehrte. Dort begann er mit dem Schreiben. Ab 1587 arbeitete er als Beamter für die spanische Flotte, in dem er Öl und Getreide kaufte. In den folgenden Jahren kam er, auf Grund von Missernten der Bauern, zunehmend unter Druck. Durch das harte Durchgreifen von Cervantes wurde er mehrmals bezichtigt, ungeziemende Methoden anzuwenden und Gelder zu veruntreuen. In den folgenden Jahren wurde er mehrmals wegen angeblichen Betruges verhaftet und wieder freigelassen. Nach diversen beruflichen Tätigkeiten wurde es ab dem Jahr 1606 ruhiger um Cervantes und er trat kurze Zeit später in eine Bruderschaft ein, bis er schließlich 1616 in Madrid verstarb. Neben seinen ständig wechselnden Wohnorten und seinen hohen Schulden, die er durch die Gefangenschaft in Algier besaß, litt er außerdem an mehreren Krankheiten. Des Weiteren war er verheiratet und hatte eine uneheliche Tochter (vgl. Strosetzki 1991: 15 ff.).

Novela de la fuerza de la sangre

Ort und Zeit der Handlung

„Una noche de las calurosas del verano volvían de recrearse del río en Toledo un anciano hidalgo con su mujer, un niño pequeño, una hija de edad de diez y seis años, y una criada. La noche era clara, la hora las once, […].“ [115][263] Mit diesen Worten beginnt die Handlung des Werkes *La fuerza de la sangre*. Sie erstreckt sich über mehrere Jahre und vollzieht sich, wie bereits der Textauszug deutlich macht, in der spanischen Stadt Toledo. Neben einer kurzen Szenerie am Fluss, dem Rathausplatz oder dem Haus von Leocadia findet die Handlung hauptsächlich in dem Haus von Rodolfos Eltern statt. Es werden jedoch auch andere Orte wie Barcelona, Genua, Rom und Neapel erwähnt, die jedoch lediglich als Reiseziele in Erscheinung treten. In diesem Zusammenhang wird neben Italien auch Frankreich genannt.

Erzählperspektive

Die Handlung der *Novela de la fuerza de la sangre* wird von einem auktorialen Erzähler in der dritten Person Singular erzählt. Er ist allwissend und weiß somit über alle Protagonisten und deren Gedanken, Gefühle und allen übrigen Sachverhalte Bescheid. Jedoch werden vor allem die Gefühle der Protagonisten, wie *Leocadia*, oftmals von ihnen selbst preisgegeben.

Personen

Hauptfiguren

In der *Novela de la fuerza de la sangre* stehen zu Beginn der Handlung zwei Hauptfiguren, zum einen *Leocadia* und zum anderen *Rodolfo* im Vordergrund. Die beiden sind durch eine gewaltsame Entführung und die daraus resultierende Vergewaltigung miteinander verbunden. Einige Zeit später rückt *Rodolfo* aus dem Blickfeld des Lesers und *Leocadia* wird zur alleinigen Hauptfigur bis *Rodolfo*, durch einen Zufall, wieder in das Geschehen am Ende der Novelle eingreift.

---

[263] Die Seitenangaben von *La fuerza de la sangre* und *El amante liberal* beziehen sich auf das Werk *Novelas ejemplares* von Miguel Cervantes aus dem Jahr 1980.

Leocadia

Leocadia ist ein sechzehnjähriges Mädchen, dass von einer Adelsfamilie aus Toledo abstammt. Sie ist nicht nur eine Augenweide mit ihren langen dunkelblonden Haaren, sondern auch klug, besonnen und sittsam. Jedoch verliert sie auf Grund der Vergewaltigung von *Rodolfo* ihre Ehre und lebt einige Jahre isoliert.

Rodolfo

Rodolfo ist ein zweiundzwanzigjähriger Edelmann, der von einer reichen Adelsfamilie aus Toledo abstammt. Er besitzt nicht nur Reichtümer und eine vornehme Herkunft, sondern auch suspekte Neigungen und zu viel Freizeit, die er mit seinen Freunden verbringt, sodass er durch unehrenhafte Handlungen den Ruf eines Frechlings innehatte.

Nebenfiguren

Die Nebenfiguren der Novelle können in drei verschiedene Kategorien eingeteilt werden: die Familienmitglieder der zwei Hauptakteure, die Freunde von *Rodolfo* und die Angestellten der Familien nebst dem Arzt. Zu den Familienmitgliedern gehören die Eltern und *Luisico*, der Sohn von *Leocadia* und *Rodolfo*. Des Weiteren gehören der Vater von *Rodolfo* und dessen Gemahlin, *Doña Estefania*, in die Kategorie der Familienmitglieder. Die Eltern von *Leocadia* sind während der gesamten Novelle präsent. Die Eltern von *Rodolfo* hingegen, vor allem *Doña Estefania*, greifen erst im letzten Drittel des Werkes in das Geschehen ein. *Rodolfos* Freunde spielen nur zu Beginn und zum Ende der Geschichte eine Rolle, indem sie mit ihren kriminellen Taten konfrontiert werden. Nahezu unbedeutend ist die letzte Kategorie rund um die Angestellten und dem behandelnden Arzt von *Luisico*, die lediglich einige Male erwähnt werden.

Gewaltdarstellung

Gleich zu Beginn der *Novela de la fuerza de la sangre* deutet *Cervantes* mit dem nachfolgenden Textauszug sowohl eine anstehende physische Gewalttat, als auch die sich daraus ergebenden psychischen Folgen, an:

> Con la seguridad que promete la mucha justicia y bien inclinada gente de aquella ciudad, venía el buen hidalgo con su honrada familia, lejos de pensar en desastre que sucederles pudiese. Pero como las más de las desdichas que vienen no se piensan, contra todo su pensamiento les sucedió una que les turbo la holgura y les dió que llorar muchos años. [115]

Das Geschehen, welches Cervantes mit diesen Zeilen andeutet, soll in den nachfolgenden Kapiteln näher untersucht werden. Einerseits wird die physische Gewalt an Hand der Freiheitsberaubung und Vergewaltigung von *Leocadia* näher beleuchtet und andererseits werden die sich daraus folgenden psychischen Probleme der Protagonistin dargestellt.

Physische Gewalt – Entführung und Vergewaltigung

Wie bereits beschrieben, beginnt die Handlung der Novelle an einem heißen Sommerabend in Toledo. Bei einem Spaziergang den Fluss entlang trifft *Leocadia* mit ihrer Familie auf *Rodolfo* und seine Freunde von denen sie zunächst auf psychischer Ebene belästigt werden. Bei dem Aufeinandertreffen fällt *Rodolfo* die ungewöhnliche Schönheit des Mädchens auf, wodurch ihn sofort der Wunsch ereilt das Mädchen in seine Gewalt zu bringen. Dies teilt er sogleich seinen Freunden mit und sie fassen gemeinsam einen Entschluss, den Cervantes wie folgt beschreibt:

> [...] y en un instante comunicó su pensamiento con sus cameradas, y en otro instante se resolvieron de volver y robarla, por dar gusto a Rodolfo; que siempre los ricos que dan en liberales hallan quien canonice sus desafueros y califique por buenos sus malos gustos. [116]

Sofort setzten sie ihr Vorhaben in die Tat um, indem sie ihre Gesichter verhüllten und ihre Degen zur Hand nahmen und zurück zu *Leocadias* Familie gingen. Dort angelangt brachte *Rodolfo* das Mädchen in seine Gewalt, welches ihn Ohnmacht fiel und sich ihrer Entführung nicht verwehren konnte. Während *Leocadia* noch immer ohnmächtig ist, wird sie von *Rodolfo* mit verbundenen Augen in sein Gemach, in dem Hause seiner Eltern, verschleppt. Während sie noch immer bewusstlos ist, macht sich *Rodolfo* an ihr zu schaffen und vergewaltigt das Mädchen. Mühlhäuser (2013: 164) beschreibt bezüglich eines solchen Aktes in der Literatur, dass die Tat oftmals nur codiert dargestellt wird. Zudem beschreibt sie: „der gewaltvolle Charakter kommt lediglich in der Bewertung der >Schändung<, >Ehebruch< etc. oder der späteren Reaktion des Opfers, etwa seinem Selbstmord zum Ausdruck.". Dieser Codierung bedient sich auch Cervantes, indem er die Tat wie folgt beschreibt:

> [...] antes que de su desmayo volviese Leocadia, había cumplido su deseo Rodolfo; que los impetus no castos de la mocedad, pocas veces, o ninguna, reparan en comodidades y requisites que más los inciten y levanten. Ciego de la luz del entendimiento, a escuras robó la major prenda de Leocadia, [...]. [117]

Leocadia kommt kurze Zeit später wieder zu sich und redet auf ihren Vergewaltiger ein. Dies hat lediglich zur Folge, dass er seine Tat noch einmal wiederholen will und es zu einer handgreiflichen Auseinandersetzung zwischen den beiden kommt. Auch diese Handlung wird von Cervantes nur codiert dargestellt:

> La respuesta que dió Rodolfo a las discretas razones de la lastimada
> Leocadia, no fué otra que abrazarla, dando muestras que quería volver
> a confirmer en él su gusto y en ella su deshonra. Lo cual visto por
> Leocadia, con más fuerzas de las que su tierna edad prometía, se de-
> fenció con los pies, con las manos, con los dientes y con la lengua [...].
> [120]

Das zur Wehr setzen von *Leocadia* hat zur Folge, dass *Rodolfo* von ihr ablässt und sie allein in seinem Gemach zurücklässt. Sie verweilt somit weiterhin in Gefangenschaft. Während sie sich in seinem Zimmer umschaut, ist er auf dem Weg zu seinen Freunden, um sich von ihnen einen Rat zu holen, was er mit *Leocadia* anstellen solle. Da *Rodolfo* jedoch keinerlei Wert darauf legte, andere Personen das Geschehen zu schildern und somit Zeugen zu haben, kehrte er, ohne mit seinen Freunden gesprochen zu haben, in sein Gemach zurück. Er verband dem Mädchen die Augen, brachte sie zum Rathausplatz und entließ sie in die Freiheit. Einige Monate nach der Vergewaltigung bemerkte *Leocadia*, dass sie schwanger ist. Dieser Aspekt ist ebenso eine Folge der physischen Gewalt wie diverse Verletzungen, die ein Vergewaltigungsopfer davontragen kann. Jedoch stehen bei dieser Form der Gewalt die physischen und psychischen Aspekte in Einklang miteinander. Somit ist es nicht verwunderlich, wenn die Opfer Depressionen, Angst- oder Zwangsneurosen entwickeln (vgl. Burkhardt 2005: 88 ff.). Diese Form der Gewalt, die sich aus *Leocadias* Vergewaltigung entwickelt, soll im nächsten Kapitel näher beleuchtet werden.

Psychische Gewalt

Bevor *Leocadia* entführt und vergewaltigt wird, werden sie und ihre Familie bereits zu Opfern der psychischen Gewalt durch *Rodolfo* und seinen Freunden bei einem Aufeinandertreffen der beiden Parteien. Dies äußert sich darin, dass sich der Vater von *Leocadia* schon durch die aufdringlichen Blicke der jungen Männer bedroht fühlt.

> Encontráronse los dos escuadrones, el de las ovejas con el de los lobos;
> y, con deshonesta desenvoltura, Rodolfo y sus camaradas, cubiertos
> los rostros, miraron los de la madre y de la hija y de la criada. Al-

Cervantes verdeutlicht das Unwohlsein und die daraus aufkeimende Angst der Familie damit, dass sie ein Dankgebet in den Himmel sandten, weil sie von den Männern verschont blieben. Dies änderte sich jedoch kurz darauf, indem *Leocadia* vor den Augen ihrer Familie entführt wurde und ihre Angehörigen, auf Grund des Schocks, nicht im Stande waren die Tat zu verhindern oder ihrer Tochter zu helfen. Dass sie nach der Tat in einen Zustand des Leidens verfallen, wird wie folgt beschrieben:

Finalmente, alegres se fueron los unos, y tristes se quedaron los otros. [...] los padres de Leocadia llegaron a la suya lastimados, afligidos y desesperados, ciegos, sin los ojos de su hija, que eran la lumber de los suyos; solos, porque Leocadia era su dulce y agradable compañia; confuses, sin saber si sería bien dar la noticia de su desgracia a la justicia, temperosos no fuesen ellos el principal instrument de publicar su deshonra. [116 f.]

Neben der Hilflosigkeit, die die Familie verspürte, scheint sich ein Gedanke zu zentralisieren: die Verletzung der Ehre. Ähnlich ergeht es auch der entführten Tochter, denn nach der Vergewaltigung empfindet *Leocadia* keinerlei physischer Schmerzen, sondern bringt lediglich zum Ausdruck, dass sie in ihrer Ehre gekränkt wurde und somit unter den Folgen der psychischen Gewalt leide. Diese Schmach bringt Cervantes mit den nachfolgenden Zeilen zum Ausdruck:

Venturosa sería yo, si esta escuridad dùrase para siempre, sin que mis ojos volviesen a ver la luz del mundo, y que este lugar donde ahora estoy, cualquiera que él se fuese, sirviese de sepultura a mi honra, pues es mejor la deshonra que se ignora que la honra que está puesta en opinión de las gentes. [118]

Für das Mädchen scheint die Verletzung ihrer Ehre wesentlich schlimmer zu sein als alles andere, sodass sie sich regelrecht davor fürchtet, jemals wieder in die Öffentlichkeit treten zu müssen. Diesen Aspekt lässt Cervantes darin gipfeln, dass *Leocadia Rodolfo* förmlich um den Tot anfleht, denn das Leben sei ohne die Ehre nichts mehr wert.

[...] te ruego que ya que has triunfado de mi fama, triunfes también de mi vida; quítamela al momento, que no es bien que la tenga la que no

<blockquote>
tiene honra! ¡Mira que el rigor de la crueldad, que has usado conmigo
en ofenderme, se templará con la piedad que usaras en matarme, y
así, en un mismo punto, vendrías a ser cruel y piadoso! [118]
</blockquote>

Als sie bemerkt, dass er ihr diesen Gefallen nicht tun wird, ändert sie ihre Taktik. Da sie sein Aussehen nicht kennt und ebenso unwissend darüber ist, wo genau sie sich befindet, bittet sie ihn um ihre Freilassung und darum, dass er gegenüber Niemandem ein Wort darüber verliert, was er ihr angetan hat. Des Weiteren sagt *Leocadia*, dass sie das Antlitz ihres Peinigers auch nicht sehen möchte, da sie nicht ein Leben lang an den Mann erinnert werden möchte, der ihr die Ehre geraubt hat. Nachdem *Rodolfo* auf ihre Ansprache hin versucht, sie noch ein weiteres Mal zu vergewaltigen, jedoch auf Grund der Gegenwehr *Leocadias* von ihr ablässt, beginnt sich aus psychischer Sicht die Täter-Opfer-Beziehung zu wenden. Dies spiegelt sich darin wieder, dass sich *Leocadia* einer der beliebtesten Formen der psychischen Gewalt bedient, der Beleidigung[264]. Dies äußert sich wie folgt:

<blockquote>
Haz cuenta, traidor y desalmado hombre, quienquiera que seas, que
los despojos que de mí has llevado son los que podiste tomar de un
tronco o de una coluna sin sentido, cuyo vencimiento y triunfado ha
de redundar en tu infamia y menosprecio. [120]
</blockquote>

Leocadia gibt ihm im weiteren Verlauf ihrer Ansprache zu verstehen, dass er sie umbringen müsse, um sich noch einmal an ihr vergehen zu können. Aufgrund dieser psychischen Bedrängnis lässt *Rodolfo* schließlich von ihr ab und entlässt sie in die Freiheit. Als sie wieder in ihrem Haus angelangt ist, berichtet sie ihren Eltern von dem Vorfall, woraufhin ihr Vater sagt, dass sie sich einbilden solle, ihre Ehre noch zu besitzen. *Leocadia* widerum beschließt daraufhin unter Tränen: „[…] se redujo a cubrir la cabeza, como dicen, y a vivir recogidamente debajo del amparo de sus padres, con vestido tan honesto como pobre." [124]. Hier deutet sich an, unter welchen psychischen Problemen das Mädchen leidet, auch wenn sie diese zunächst nicht offen ausspricht. Mühlhäuser (2013: 168 f.) beschreibt diesen Aspekt wie folgt: „Psychische Verletzungen können sich verstärken, wenn Opfer ihre Verletzungen verschweigen und fortan in einem Gefühl der Isolation leben, weil sie beschämt sind und davon ausgehen, dass ihnen nicht geglaubt wird". Zwar offenbarte sich *Leocadia* gegenüber ihren Eltern, jedoch lebt sie nicht nur scheinbar in einer Isolation, sondern tut dies auch wahrhaftig, da ihre Angst vor

---

[264] Eine Beleidung kann sowohl physische als auch psychische Gewalt sein. Meist wird dabei jedoch eine Person verbal beschimpft (vgl. Herrmann 2013: 110).

einer öffentlichen Schmach zu groß ist. Schon allein der Gedanke, man könne ihr die grauenhafte Tat von der Stirn ablesen, bereitet ihr Unbehagen. Ihre Situation verschlimmert sich noch, als sie bemerkt, dass sie ein Kind von ihrem Peiniger erwartet. Sie begreift, dass sie ein Leben lang an diese Tat erinnert werden wird. Cervantes beschreibt in dem nachfolgenden Textauszug nicht nur *Leocadias* psychische Verfassung, sondern auch die der Eltern.

> [...] suceso por el cual las en algún tanto olvidadas lágrimas volvieron a sus ojos, y los suspiros y lamentos comenzaron de nuevo a herir los vientos, sin ser parte la discreción de su Buena madre a consolalla. Voló el tiempo. Y llegóse el punto del parto, y con tanto secreto, que aun no se osó fiar de la partera. [125]

Die Familie ist so sehr von der Angst besessen, jemand könnte von der Vergewaltigung und dem Kind erfahren, dass sie auf ärztliche Hilfe und eine Hebamme während der Geburt verzichten und etwaige Komplikationen und deren Folgen in Kauf nehmen. Im Anschluss wird das Kind mit aller Heimlichkeit in ein Dorf gebracht, wo es vier Jahre lang aufwächst. Bei diesem Vorgang stellt sich zum einen die Frage, ob die Familie diesen Schritt wählte, um in der Öffentlichkeit nicht in Erklärungsnot zu gelangen, wem denn das Kind gehöre. Zum anderen ist fraglich, ob sie sich mit dem Wegschicken eine Verbesserung der psychischen Verfassung von *Leocadia* erhofften, welche zwangsläufig durch das Antlitz des Kindes ständig an die Tat erinnert wird, die ihr wiederfuhr. Ohne Angaben von Gründen seitens Cervantes wird der Junge, *Luisico* genannt, zurück in die Familie geholt und als Neffe der Eltern ausgegeben, welche das Unglück ihrer Tochter mittlerweile als Glück ansahen, da sie in der Öffentlichkeit für das Kind gelobt und beglückwünscht wurden. Inwieweit *Leocadia* mit dieser Situation zurechtkommt, wird vom Autor jedoch nicht erwähnt.

Einige Jahre später kommt es zu einem Unfall, bei dem *Luisico* schwer verletzt und in das Haus von Rodolfos Eltern gebracht wird, um dort von einem Arzt behandelt zu werden. Als *Leocadia* das Haus, beziehungsweise das Zimmer in dem *Luisico* liegt, betritt, erkennt sie es als den Ort wieder, an dem sie Jahre zuvor vergewaltigt wurde. Sie berichtet sowohl ihren Eltern davon, als auch der Familie ihres Widersachers. Diese lässt ihren Sohn aus Italien zurückholen, um ihn mit *Leocadia* zu verheiraten. Während sich *Rodolfo* in die Mutter seines Sohnes verliebte, bleibt unklar, ob sie gleiches für ihn empfindet. Dessen ungeachtet, heiraten die beiden und scheinen ein glückliches Leben zu verbringen, wie Cervantes beschreibt:

<blockquote>
[...] y agora viven estos dos venturosos desposados, que muchos y felices años gozaron de sí mismos, de sus hijos y de sus nietos, permitido todo por el cielo y por la *fuerza de la sangre* que vió derramada en el suelo el valeroso, ilustre y cristiano abuelo de Luisico. [138]
</blockquote>

Fest steht jedoch, dass *Leocadia* durch die Hochzeit mit ihrem Peiniger ihre Ehre wiederherstellen konnte. Auch wenn dieser Aspekt für die heutige Zeit sehr bizarr erscheint, schien dies zur damaligen Zeit, in der die Novelle geschrieben wurde, ein normaler Vorgang gewesen zu sein, wie Strosetzki (1991: 75) ausführt:

<blockquote>
Daß überhaupt das entführte und vergewaltigte Opfer sich am Ende in den Täter verlieben kann, muss der zeitgenössischen Leserschaft vor dem Hintergrund der verbreiteten Ehrvorstellung plausibel erschienen sein. Die Idealität des gesellschaftlichen akzeptierten Ehrenkodex ist es, die die unwahrscheinliche Tatsache möglich macht, daß in *La fuerza de la* sangre das Opfer der Vergewaltigung, Leocadia, später den Täter heiratet: Mit der Heirat ist nämlich nach der damals in Spanien geläufigen aristokratischen Vorstellung die verlorene Ehre des Opfers wiederhergestellt und die Sünde gelöscht.
</blockquote>

Somit steht zwar fest, dass die Ehre von *Leocadia* wiederhergestellt wurde, jedoch bleibt unklar, inwieweit sie noch immer unter den psychischen Folgen der Vergewaltigung zu leiden hat, denn sie wird nun nicht mehr nur durch ihren Sohn jeden Tag aufs Neue an die Tat erinnert sondern nun zusätzlich auch noch durch *Rodolfo*.

Novela del amante liberal

Ort und Zeit der Handlung

Die Geschichte erstreckt sich auf Grund der Schiffsreisen der Hauptprotagonisten über einige Monate und beinahe den gesamten Mittelmeerraum. Hauptsächlich bezieht sich die Handlung jedoch auf den Heimatort der Protagonisten, Trapani und Nikosia, die Stadt in der sie in Gefangenschaft leben. Die Akteure sind mit dem Schiff von Trapani nach Nikosia und wieder zurück gelangt.

Beginnend in dem sizilianischen Ort Trapani, reisen sie zunächst zur Insel Favignana, um im Anschluss wieder nach Trapani und Favignana zu gelangen. Von dort aus reisen sie weiter zur Insel Pantelleria und wieder zurück zum Ursprungsort. Daraufhin fahren sie die nördliche Küste Siziliens entlang über Palermo, Milazzo und Messina. Von dort aus geht es weiter nach Tripolis und schließlich nach Nikosia, wo sie einige Zeit verbleiben. Von der Insel aus geht es in Richtung Konstantinopel weiter, jedoch ändert sich plötzlich der Kurs wodurch sie nach Korfu gelangen, um danach ihre italienische Heimat über Pachino, Lampedusa und Pantelleria anzusteuern. Während der Novelle werden auch andere Orte wie Bizerta und Alexandrien genannt, die jedoch ebenso wie einige Reiseziele für die Handlung keinerlei Bedeutung aufweisen.

Erzählperspektive

Die Handlung der *Novela del amante liberal* wird ebenfalls von einem auktorialen Erzähler in der dritten Person Singular erzählt. Dieser ist allwissend und weiß somit über die Gedanken, Gefühle und allen sonstigen Sachverhalte der Geschichte und der Protagonisten Bescheid. Dennoch werden viele Details, wie beispielsweise Charaktereigenschaften, von den Figuren selbst preisgegeben.

Personen

Hauptfiguren

Ricardo

Ricardo, im späteren Verlauf der Geschichte auch Mario genannt, ist ein reicher Edelmann und Christ, der aus dem sizilianischen Ort *Trapani* stammt. Er wird von den anderen Protagonisten nicht nur als anmutig und wunderschön angesehen, sondern besticht zudem durch seine ehrliche, bescheidene und zurückhaltende Art. Zu Beginn der Novelle befindet er sich jedoch in der Gefangenschaft von Türken in der Stadt *Nikosia.* Dort beklagt er seinem Freund *Mahamut* sein Leid über seine Liebe zu *Leonisa.*

Mahamut

Mahamut ist ein zum Islam konvertierter Türke, der aus der sizilianischen Stadt *Palermo* stammt und gemeinsam mit *Ricardo* in Trapani aufgewachsen ist. Ebenso wie sein Freund befindet sich auch *Mahamut* in der Gefangenschaft eines Türken in Nikosia und strebt nach Freiheit.

Leonisa

Leonisa ist ein wunderschönes Mädchen, dass ebenso wie *Ricardo* und *Mahamut* in Trapani aufgewachsen ist und teilt mit ihnen das gleiche Schicksal, denn auch sie befindet sich in Gefangenschaft. Seit ihrer Entführung aus Trapani wurde sie jedoch auf Grund ihrer Schönheit stets an einen neuen Herrscher verkauft, bis sie schließlich in Nikosia ankommt.

Nebenfiguren

Die Nebenfiguren der *Novela del amante liberal* können in drei verschiedene Kategorien eingeteilt werden: die Türken, die als Herrscher auftreten, die christlichen Gefangenen, beziehungsweise Sklaven und jene Protagonisten, die keiner bestimmten Kategorie zugeordnet werden können. Zur ersten Sparte gehören unter anderem *Hazán bajá*, *Alí bajá* und der *Cadí*. Alle drei sind einflussreiche Männer des ehemaligen Osmanischen Reiches und begehren die hübsche *Leonisa*. Zudem fungiert der *Cadí*[265], wie der Name bereits verrät, als Richter. Zur zweiten Sparte gehören *Cornelio* und *Halima*. Erster stammt wie die Hauptakteure aus *Trapani* und ist ein Edelmann. Er gilt ebenso wie *Ricardo* als bildhübsch, tapfer, vornehm, gescheit und reich. Jedoch wird er von Ricardo, auf Grund dessen Eifersucht, eher verachtet und wie folgt beschrieben:

> „[...] el hijo de Ascanio Rotulo, que tú bien conoces (mancebo galán, atildado, de blandas manos y rizos cabellos, de voz meliflue y de amorosas palabras, y , finalmente, todo hecho de ámbar y de alfeñique, guarnecido de telas y adornado de brocados), [...]." [14]

Die zweite Person dieser Sparte ist *Halima*, eine Maurin, die mit dem *Cadí* verheiratet ist. Sie wurde in einem christlichen Land geboren und ist später zum Islam konvertiert. Zur letzten Kategorie gehört unter anderem auch *Yzuf*, ein griechischer Renegat[266], der *Ricardo* und *Leonisa* aus ihrer Heimatstadt entführte.

---

[265] Der Kadi ist ein Richter in islamischen Ländern (vgl. Duden 2013d, [Online]).

[266] Ein Renegat bezeichnet einen Abtrünnigen, der seine Religion wechselt (vgl. Duden 2013e, [Online]).

Gewaltdarstellung

„[…] todo este imperio es violento […]" [12]. Mit diesen Worten beschreibt Cervantes zu Beginn der *Novela del amante liberal* das Osmanische Reich und deutet bereits an, wodurch sich der weitere Verlauf der Geschichte auszeichnet. Dies verdeutlicht er zudem mit den ersten Worten der Handlung:

> ¡Oh lamentables ruinas de la desdichada Nicosia, apenas enjutas de la sangre de vuestros valerosos y mal afortunados defensores! […] Tal es mi desdicha, que en la libertad fuí sin ventura, y en el cautiverio, ni la tengo, ni la espero. [9]

Bereits durch die Beschreibung von Blut und Gefangenschaft wird deutlich, dass die Novelle durchzogen ist von Gewalttaten. Zu ihnen zählen insbesondere die strukturelle, physische und psychische Gewalt aber auch die Naturgewalt spielt eine wesentliche Rolle, wie die nächsten Kapitel zeigen sollen.

Strukturelle Gewalt – Gefangenschaft und Korruption

Wie bereits beschrieben zeichnet sich die strukturelle Gewalt durch die Ungleichheit im Staat aus, insbesondere die starken Gefälle zwischen Reich und Arm. Dies unterstreicht auch Cervantes mit den Worten, dass das gesamte Osmanische Reich gewalttätig ist. Bevor er jedoch diese Worte durch den Protagonisten *Mahamut* zum Ausdruck bringt, geht dieser zuvor ausführlich auf die korrupten Handlungen von Vizekönigen der verschiedenen Provinzen des Reiches ein. Bei der Beschreibung Korruption handelt es sich vorzugsweise um die aktive Bestechung, die vom deutschen Duden (2013f, [Online]) wie folgt definiert wird:

> Angebot von Bestechungsgeldern o. Ä. an eine Person [im öffentlichen Dienst], um sie zu einer die Amts- oder Dienstpflicht verletzenden, für den Bestechenden vorteilhaften Handlung oder Unterlassung zu bewegen.

Cervantes beschreibt in diesem Zusammenhang nicht nur, um welche Personen es sich bei den Bestechungsversuchen handelt, sondern auch, welche Intentionen sie damit verfolgen und welches Ausmaß diese Straftaten nach sich ziehen.

> Si no viene culpado y no le premian, como sucede de ordinario, con dádivas y presentas alcanza el cargo que más se le antoja, porque no se dan allí los cargos y oficios por merecimientos, sino por dineros; todo se vende y todo se compra. Los proveedores de los cargos roban a los proveídos en ellos y los desuellan; deste oficio comprador sale la sustancia para comprar otro que más ganacia promete. [12]

Bereits in diesen Zeilen wird deutlich, dass Personen mit geringeren finanziellen Mitteln keinerlei Aussichten auf ein höheres Amt haben und somit unter der sich daraus bildenden Ungleichheit zu leiden haben. Ihre einzige Möglichkeit besteht in diesem Falle darin, sich durch anderweitige Bestechungsversuche, wie beispielsweise materiellen Geschenken, einen höheren Rang anzueignen. Dazu bedarf es nicht notwendigerweise exklusiver Rohstoffe, teuren Kleidern oder Ähnlichem, sondern oftmals reicht auch die Weitergabe von Gefangenen beziehungsweise Sklaven aus, die anschließend für die Bedürfnisse ihrer neuen Herrscher zur Verfügung stehen müssen. In der Novelle werden dazu sowohl Frauen als auch Männer verpflichtet. Zudem handelt es sich dabei fast ausschließlich um Personen mit christlichem Glauben, wie den Hauptprotagonisten *Leonisa* und *Ricardo*. Zudem werden die Gefangenen unterschiedlich behandelt. Viele der Sklaven müssen auf den Galeeren arbeiten, andere wiederum scheinen einfach nur ihre Zeit abzusitzen oder gar königlich behandelt zu werden, wie *Leonisa*, als sie auf einer Insel festsaß. Dies beschreibt sie mit den Worten: „Ocho días estuvimos en la isla guardándome los turcos el mismo respect que si fuera su hermana, y aun más." [45]. Auch *Ricardo* und *Mahamut* scheinen keine körperlichen Arbeiten verrichten zu müssen, zudem steigen sie unter der Herrschaft des *Cadí* zu dessen Beratern auf. Cervantes scheint bezüglich dieses Aspektes Parallelen zu seinem Leben zu ziehen. Krauss (1966: 31) beschreibt diese Tatsache wie folgt:

> Die Gefangenen sind (mit großem Risiko erworbene) Waren, deren Arbeitskraft bis zum letzten ausgenutzt wird oder die als Gegenwert eines in Aussicht stehenden Lösegeldes sich auf eigene Kosten zu erhalten haben. Wer nicht durch Namen oder Rang, durch sein Auftreten oder eine Empfehlung die Gewähr gab, daß er freigekauft würde, wurde in die ewige Sklaverei nach Konstantinopel abgeschoben.

Die drei Hauptprotagonisten befinden sich zwar nicht in Konstantinopel, doch zumindest soll *Leonisa* dorthin geschickt werden. Als Auffangbecken scheint in diesem Zusammenhang Nikosia zu dienen. Zudem ist zu bemerken, dass lediglich für *Leonisa* und *Ricardo* zu Beginn der Handlung ein hohes Lösegeld in Aussicht stand. Im Laufe der Zeit wurden sie jedoch für beträchtliche Summen weiterverkauft und können sich dadurch ihren Sonderstatus sichern. Vor allem für das Mädchen scheint kein Preis hoch genug zu sein, da der *Cadí* die Bestechungsversuche von *Hazán* jedes Mal abblockt. Dies äußert sich darin, dass er ihm immer höhere Summen anbietet, wie die folgenden zwei Textausschnitte belegen:

> Hazán, que se quedaba por virrey en Chipre, pensaba dar tantas dádi-
> vas al cadí, que, vencido y obligado, le diese la cautiva. [32]

> No se descuidaba en este tiempo Hazán bajá de solicitor al cadí le en-
> tregase la esclava, ofreciéndole montes de oro, y habiéndole dado a
> Ricardo de balde, cuyo rescate apreciaba en dos mil escudos; [...]. [50]

Der *Cadí* ist nicht nur von Korruption und struktureller Gewalt betroffen, sondern
übt diese auch selbst mit Hilfe seines Amtes aus. Als Richter im Osmanischen
Reich kann er über alle Streitfälle entscheiden und es gibt keinerlei Chance, gegen
seine Urteile bei einem höheren Tribunal vorzugehen. Besonders brisant daran ist,
dass er oftmals aus reiner Willkür heraus entscheidet.

> Entraron a pedir justicia, así griegos cristianos como algunos turcos, y
> todos de cosas de tan poca importancia, que las más despachó el cadí,
> sin dar traslado a la parte, sin autos, demandas ni respuestas, que to-
> das las causas, si no son las matrimoniales, se despachan en pie, y en
> punto, más a juicio de buen varón que por ley alguna. [28]

Demnach leiden nicht nur die Hauptprotagonisten und Sklaven unter der Ungleichheit, sondern auch die eigene Bevölkerung.

Naturgewalt

Bevor *Leonisa* und *Ricardo* jedoch in die Fänge der Türken und somit der strukturellen Gewalt gelangten, wurden sie aus ihrer Heimatstadt Trapani von *Yzuf* entführt, der *Ricardo* an *Fetala* weiterverkaufte und *Leonisa* behielt. Nach Verkaufs-
abschluss wollte *Yzuf* nach Bizerta und *Fetala* nach Tripolis reisen. Kurz nach
ihrer Abreise kam jedoch ein Unwetter auf, durch dessen starken Wind die Crew
von *Ricardos* Schiff sich gezwungen sah, das Schiff treiben zu lassen und abzu-
warten, wohin der Sturm sie bringen würde. Zwischenzeitlich hatte der Kapitän
beschlossen, hinter einer Insel Schutz zu suchen. Jedoch war der Sturm so gewal-
tig, dass das Schiff innerhalb kürzester Zeit nahezu zu ihrem Ausgangspunkt zu-
rückgetrieben wurde, an dem sie zwei Tage zuvor gestartet waren. Dort angekom-
men brachte der Sturm die Schiffscrew in eine brenzlige Situation, die Cervantes
wie folgt beschreibt:

> [...] y sin remedio alguno íbamos a embestir en ella, y no en alguna
> playa, sino en unas muy levantadas peñas, que a la vista se nos
> ofrecían, amenazando de inevitable muerta a nuestras vidas. Vimos a
> nuestro lado la galeota de nuestra conserva, donde estaba Leonis, y

Bereits an dieser Stelle der Handlung wird ersichtlich, worauf sich die Protagonisten einstellen müssen, ohne zu ahnen, welch Schicksal ihnen durch diese Naturgewalt widerfahren wird. Die Besatzung von *Ricardos* Schiff kämpft gegen das Unwetter an, zugleich müssen sie jedoch mit ansehen, wie die Besatzung des anderen Schiffes völlig erschöpft aufgibt und sich durch den Sturm auf die nahenden Felswände zutreiben lässt. Schließlich kommt es, wie es kommen muss: Das Schiff prallt gegen die Felsen und zerbarst. Ricardos Mannschaft musste alles mit ansehen. Gleichzeitig wurde dadurch in ihnen erneut der Kampfgeist geweckt und sie taten alles, damit sie nicht das gleiche Schicksal ereilte.

Comenzaba a cerrar la noche, y fué tamaña la grita de los que se perdían y el sobresalto de los que en nuestro bajel temían perderse, que ninguna cosa de las que nuestrp arráez mandaba se entendía ni se hacía; sólo se atendía a no dejar los remos de las manos, tomando por remedio volver la proa al vinto y echar las dos áncoras a la mar, para entretender con esto algún tiempo la muerte, que por cierta tenían. [23]

Tags darauf wurde der Sturm noch gewaltiger, trieb die Besatzung von *Ricardos* Schiff jedoch von den Felsen weg bis hin zu einer Landspitze, die sie leicht umsegeln konnten. Von dort aus setzten sie ihren Weg nach Tripolis fort. Während die Besatzung des Schiffes froh war, dem sicheren Tod entronnen zu sein, haderte *Ricardo* mit seinem Schicksal, denn er glaubte, dass *Leonisa* durch die Naturgewalt ihr Leben verloren hatte. Dieser Zustand schien ihn allmählich in den Wahnsinn zu treiben. Inwiefern die Strapazen der Naturgewalt seine Psyche beeinflussten, soll in dem nächsten Kapitel, der psychischen Gewalt, näher beleuchtet werden.

Psychische Gewalt

Y aunque el miedo de morir era gernal en todos, en mí era muy al contrario, porque, con la esperanza engañosa de ver en el otro mundo a la que había tan poco que déste se había partido, cada punto que la galeota tardaba en anegarse o en embestir en las peñas, era para mí un siglo de más penosa muerte. [23]

Ricardo kann sich mit dem vermeintlichen Tod von *Leonisa* nicht abfinden. Obwohl die beiden bis zu dem Schiffunglück kein Paar gewesen sind, will *Ricardo* bei *Leonisa* sein, auch wenn er dafür seinen eigenen Tod in Kauf nehmen müsste. Für ihn wird seine Liebe zu dem Mädchen zu einer überaus großen Qual, sodass er zu dem Entschluss gelangt, auf ewig in Gefangenschaft zu verweilen, anstatt an einen Ort zurückzukehren, an dem er keinen Trost mehr finden kann. Zudem wollte er bei seinen Mitmenschen in Ungnade fallen, damit sie ihn auf Grund seines Gejammers über sein Schicksal töten würden, denn offenbar scheint er zu einem Suizid nicht in der Lage zu sein. Diese Gedankengänge, die er seinem Freund *Mahamut* mitteilt und ihn gleichzeitig um Rat fragt, beschreibt Cervantes wie folgt:

> Lo que has de hacer, amigo, es aconsejarme qué hare yo para caer en desgracia de mi amo, y de todos aquellos con quien yo comunicare, para que, siendo aborrecido dél y dello, los unos y los otros me maltraten y persigan de suerte que, añadiendo dolor a dolor y pena a pena, alcance con brevedad lo que deseo, que es acabar la vida. [26]

Zu bemerken ist hierbei jedoch, dass *Ricardo* nicht erst nach dem Unwetter und *Leonisas* vermeintlichem Tod zu leiden begonnen hat, sondern auch schon zuvor in die Ungnade seines Herrn *Fetala* gefallen war, jedoch aus den nahezu gleichen Beweggründen. Dies rührte daher, dass *Ricardo*, der ebenso wie *Leonisa* von *Yzuf* entführt wurde, nun von diesem an *Fetala* weiterverkauft wurde und demzufolge von seiner Herzensdame getrennt wurde. Schon zu diesem Zeitpunkt wurde er von seinem Herzschmerz in einem Ausmaß übermannt, dass er sich mit lauten Klagen den Tod herbeiwünschte und *Fetala* ihm damit drohte, ihn zu verprügeln, wenn Ricardo mit seinem Gewinsel nicht aufhören würde. Neben seinem Herzschmerz war *Ricardo* ebenso von der Eifersucht besessen, die sich bereits zu Beginn der Novelle äußert, indem er verächtlich über *Cornelio* spricht, an dem *Leonisa* ihr Interesse bekundete und demnach *Ricardo* keinerlei Beachtung schenkte. Gegenüber seinem Freund *Mahamut* beschreibt er seinen seelischen Zustand mit den Worten: „¡Mira, pues, si llegándose a la angustia del desdén y aborrecimiento, la mayor y más cruel rabia de los celos, cuál estaría mi alma de dos tan mortals pestes combatida!" [15]. Das *Leonisa* scheinbar mehr Interesse an *Cornelio* hegte anstatt an *Ricardo*, musste dieser schon vor der Entführung feststellen. Jedoch ließ ihn allein der Gedanke daran vor Wut überschäumen, wodurch er beinahe seinen Verstand verlor. Auf Grund seiner rasenden Eifersucht ließ er sich dazu hinreißen, Leonisa eine Szene zu machen, um sie und Cornelio anschließend wüst zu beschimpfen und gewisse Stereotype aufzuwerfen.

Mit seinen Schimpftiraden fügte er den beiden nicht nur psychische Gewalt zu, sondern bezweckte damit vor allem, dass sie *Cornelio* veranlassen würde, sich mit *Ricardo* zu duellieren. Statt zu einem Duell kam es jedoch zur Entführung von *Leonisa* und *Ricardo* durch den Abtrünnigen *Yzuf.* Dieser Teil der Novelle soll jedoch erst im nachfolgenden Kapitel behandelt werden.

Ricardo war allerdings nicht die einzige Person, die mit der Eifersucht zu kämpfen und sich dadurch schwerlich im Griff hatte. Nachdem er einige Male den Herrscher wechselte und sich schließlich in der Gefangenschaft von *Hazán* in Nikosia befand, begann sich sein Schicksal zu wandeln, denn er traf seine geliebte *Leonisa* wieder, die mittlerweile die Gefangene eines Juden war. Dieser wollte das hübsche Mädchen in Nikosia verkaufen und sofort boten sich drei Käufer für sie an, die von ihrem Antlitz so überwältigt waren, dass sie sich unmittelbar in dem Moment in sie verliebten, als sie sie zum ersten Mal sahen.

Für die drei ist dies der Startschuss für einen unerbitterlichen Kampf um das Mädchen. Zunächst gelangt sie in den Besitz des *Cadí,* der vorgab, sie als Geschenk von *Hazán* und *Alí* zum Sultan nach Konstantinopel zu bringen. Jeder der drei möchte *Leonisa* besitzen anstatt sie dem Sultan zu schenken. Somit schmiedet jeder seinen eigenen Plan, um seinen Wunsch erfüllen zu können. Währenddessen ist *Leonisa* mit ihrer Psyche am Ende und bittet daher *Mahamut* um Hilfe.

Inwieweit sie unter der Gefangenschaft, beziehungsweise den Folgen der Entführung zu leiden hat, wird von Cervantes nicht weiter ausgeführt. Er beschreibt lediglich, dass sie, nachdem sie aus ihrer Ohnmacht wieder erwachte, zu der es durch die Entführung kam, zahlreiche Tränen vergossen hatte. Jedoch wird immer wieder deutlich, dass sie der Ursprung für das seelische Leiden der anderen Protagonisten ist, ohne es zu wollen. Insbesondere den *Cadí* bringt sie mit ihrem wunderschönen Antlitz um den Verstand, sodass er lieber tausendmal sterben wolle, als das Mädchen einem anderen zu überlassen. Aufgrund dessen ist es nicht verwunderlich, dass er alles tun würde, um sie behalten zu können und somit auch auf die Ratschläge seiner beiden Sklaven *Mahamut* und *Ricardo* hörte.

Im Gegensatz zum *Cadí* scheinen *Hazán* und *Alí* noch halbwegs Herr ihrer Sinne zu sein, denn ersterer bietet dem *Cadí* lediglich Unmengen von Geld an, wie bereits bei dem Kapitel der strukturellen Gewalt beschrieben wurde. *Alí* hingegen scheint sich gänzlich im Hintergrund aufzuhalten und wartet lediglich darauf, seinen Plan durchführen zu können. Um diesen Plan und inwieweit er in der physischen Gewalt gipfelt, soll es im nachfolgenden Kapitel gehen.

Physische Gewalt

Die Novelle *El amante liberal* gipfelt nicht nur in Brachialgewalt, sondern beginnt auch mit dieser. Wie bereits beschrieben beleidigte *Ricardo Leonisa* und *Cornelio* und versuchte diesen insoweit zu provozieren, dass dieser sich zu einem Duell hinreißen lassen würde und Ricardo selbst, sofern er denn den Kampf gewinnen würde, zum *Personal Cause Murder* würde. *Ricardo* war so in Rage, dass er bereits sein Schwert gezogen hatte und damit auch alle umstehenden Passanten, wovon viele Angehörige von *Cornelios* Familie waren, bedrohte und schließlich sieben oder acht von ihnen verwundete. *Cornelio* hingegen zog es lieber vor zu fliehen, anstatt seinen Mann zu stehen und den anderen Umstehenden zu helfen, *Ricardo* zu überwältigen. Auf einmal wendete sich jedoch das Blatt auf unverhoffte Weise.

Auch *Ricardo* wurde Opfer der Entführung. Allerdings tötete er zuvor vier Türken und trug selbst einige Verletzungen davon. Die türkische Gewaltgemeinschaft[267] bemerkte nach der Geiselnahme, dass *Ricardo* vier ihrer besten Männer getötet hatte und wollte sich somit an ihm rächen und ihn hängen. Als sie erfuhren, dass sie für *Ricardo* ein hohes Lösegeld verlangen konnten, rückten sie von ihrem Plan ab und verkauften ihn stattdessen. Er wechselte so oft den Herrn, bis er schließlich zusammen mit seinem Freund *Mahamut* in der Gefangenschaft des *Cadí* verweilte, mit welchem sie zusammen einen Plan schmiedeten, wie der *Cadí Leonisa* behalten kann und allen anderen, die ebenfalls von *Leonisa* besessen sind, ihren Tod vorspielt. Um diesen Plan auszuführen, ist der *Cadí* bereit, zum *Criminal Enterprise Murder* zu werden, in dem er sich seiner Frau *Halima* entledigt, die als *Leonisas* Leichnam ausgegeben werden soll. Dies wird wie folgt beschrieben: „Pero presto la facilitó, diciendo que, en cambio de la cristiana que habían de comprar para que muriese por Leonisa, serviría Halima, de quien deseaba liberarse más que de la muerte." [50]. Der *Cadí* ist von *Leonisa* so besessen, dass er offenbar nicht mehr klar denken kann und seinen Plan tatsächlich in die Tat umsetzen will. Allerdings möchte er sich dabei nicht selbst die Finger schmutzig machen. Stattdessen sollen seine Untergebenen die Tat ausführen.

Jedoch war der *Cadí* nicht der einzige, der sein Vorhaben in die Tat umsetzen wollte. Auch alle übrigen Protagonisten wollten sich *Leonisa* aneignen oder aber aus der Gefangenschaft entkommen, wie beispielsweise *Mahamut* und *Ricardo*. Die beiden wollten das Schiff ihres Herrn kapern und diesen anschließend töten.

---

[267] Eine Gewaltgemeinschaft ist eine Gruppe, zu deren Existenz es gehört, physische Gewalt anzuwenden, um ihren Lebensunterhalt bestreiten zu können (vgl. Speitkamp 2013: 184).

Einen ähnlichen Plan verfolgte auch *Hazán,* der zuvor stets versucht hatte, den *Cadí* zu bestechen, um somit *Leonisa* zu erhalten. Nun hatte er jedoch genug davon und änderte seine Taktik. Ziel war es, das Schiff des *Cadí* mit Hilfe seiner Soldaten zu überfallen. Somit wollte er sich des wunderschönen Mädchens bemächtigen, die Besatzung des feindlichen Schiffes töten und alle Kostbarkeiten an seine Crew verteilen. Und so kommt es schließlich, dass *Hazán* seinen Plan in die Tat umsetzt und das Schiff des *Cadí* angreift. Allerdings bedachten sie nicht, dass auch *Alí* das Mädchen begehrte und das gleiche Vorhaben wie *Hazán* hatte und ebenfalls das Schiff des *Cadí* angriff. Während dieser sich erbost über seine beiden Angreifer äußerte und sie als Verräter beschimpfte, ignorierte *Alí* jegliche Worte und schlug ihn nieder. *Hazán* hingegen bekam Angst, dass *Alí* alles an sich reißen würde und holte zum Gegenschlag aus:

> [...] y comenzando uno, y siguiéndole todos, dieron en los soldados de
> Alí con tanta priesa, rancor y brío, que en poco espacio los pasaron
> tales que, aunque eran muchos más que ellos, los redujeron a número
> pequeño; pero los que quedaron, volviendo sobre sí, vengaron a sus
> compañeros, no dejando de los de Hazán apenas cuatro con vida, y
> éstos muy malheridos. [55 f.].

Nachdem sich nahezu alle Türken gegenseitig getötet hatten, kamen *Ricardo* und *Mahamut,* inklusive der männlichen Familienmitglieder von *Halima* und den christlichen Rudersklaven, aus ihrem Versteck hervor, ergriffen die Waffen der Verletzten und Verstorbenen und töteten auch die restlichen Türken. Anschließend raubten sie *Alís* Schiff aus. Durch die nicht enden wollende Habgier der Türken war es somit den in Gefangenschaft befindlichen Christen möglich, sich mit Hilfe der physischen Gewalt aus ihrer Misere zu befreien.

Fazit

Zusammenfassend kann gesagt werden, dass die verschiedenen Formen der Gewalt nicht nur in der Realität zu Angst, Leid, Schmerz und dem Tod führen können, sondern auch in literarischen Werken. Nicht nur Menschen aus niederen Gesellschaftsschichten sind dabei von Gewalt betroffen, sonder auch Personen aus der Oberschicht. Dies beweisen sowohl die Protagonisten aus der Novelle *La fuerza de la sangre*, als auch die Figuren aus *El amante liberal*. Vornehmlich stammten Täter und Opfer aus Adelsfamilien, beziehungsweise waren angesehene Personen mit hohen Staatsämtern. Zu bemerken ist jedoch, dass die Täter allesamt eine Gesellschaftsklasse über der der Opfer standen und durch ihre Macht einen gewissen Spielraum hatten, der es ihnen erlaubte, kriminelle Handlungen zu vollziehen, ohne dafür zur Rechenschaft gezogen zu werden. In der *Novela de la fuerza de la sangre* lässt Cervantes diesen Aspekt sogar noch darin gipfeln, dass der Vergewaltiger *Rodolfo* nicht nur unbestraft davonkam, sondern auch noch das schöne Mädchen, dass er geschändet hatte, heiraten durfte. Obwohl diese Handlung heute strafbar und von vielen Europäern schwer nachzuvollziehen ist, werden in anderen Teilen der Welt Vergewaltigungsopfer noch immer mit ihren Peinigern zwangsverheiratet. Fraglich ist dabei jedoch, ob die betroffenen Frauen genauso froh darüber sind, dass infolgedessen ihre Ehre wiederhergestellt ist. Die Problematik an dieser Situation ist jedoch damals wie heute die gleiche: Viele Frauen trauen sich nicht, die Tat öffentlich zu machen, geschweige denn sich jemandem anzuvertrauen. Somit trifft Cervantes mit seinem Werk nicht nur damals den Nerv der Zeit, sondern auch heute noch, wenngleich er nicht immer ausführlich ins Detail ging, was die Tat und deren Folgen anbelangt, wie beispielsweise die Mittäterschaft bei der Entführung.

Bei seinem Werk *El amante liberal* hingegen wird zumindest der psychische Zustand von *Leonisa* des Öfteren ersichtlich, in dem sie bittere Tränen vergießt oder anderweitig um Rat fragt. Die seelische Verfassung der anderen Protagonisten wurde ebenso deutlich. Allerdings nicht, weil sie auf die typische Art und Weise seelisch misshandelt wurden, wie beispielsweise Mobbing-Opfer, sondern weil sie von ihrer Eifersucht beherrscht wurden. Dies hatte jedoch ebenso drastische Folgen wie andere psychische Misshandlungen. Während *Ricardo* am liebsten den Freitod gewählt hätte, waren alle anderen Protagonisten, die abgöttisch in *Leonisa* verliebt waren, dazu bereit, Mörder zu werden, frei nach dem Motto: Wenn ich sie nicht haben kann, kann sie keiner haben. Allerdings scheint dieser Aspekt für Cervantes nicht weiter ins Gewicht zu fallen, da ein Teil dieser Personen, die Türken, von ihm ohnehin als Gewalttäter dargestellt wurden, denn das gesamte

Osmanische Reich beschreibt er als gewalttätig. Demzufolge spiegelt sich in diesem Werk auch ein Stück weit sein persönliches Leben wieder, denn er bezieht einige Aspekte seines Lebens in die Novelle ein. Zum einen befand er sich selbst in Gefangenschaft und zum anderen war er Mitglied der spanischen Armee und kämpfte in der *Schlacht von Lepanto* gegen die Türken. Auch der Aspekt, dass er in Folge einer Naturgewalt in die Gefangenschaft geriet, lässt er teilweise in die Geschichte mit einfließen. Letztendlich vereint er darin nicht nur die verschiedenen Formen der Gewalt miteinander, sondern stellt auch die Liebe der Gewalt gegenüber. Für ihn scheint die Liebe zu einer Frau der Ursprung allen Übels zu sein, denn durch das Antlitz von schönen Frauen, scheinen Männer ihren Verstand zu verlieren und somit in jeglicher Form von der Gewalt betroffen zu werden, sei es durch die pure Eifersucht, den sich daraus bildenden physischen Folgen, oder umgekehrt.

Letztendlich kann festgehalten werden, dass Cervantes mit seinen beiden Novellen noch immer den Nerv der Zeit trifft und die behandelten Themen auch heute noch aktuell sind und zum Teil tabuisiert werden. Auch wenn er einige Gewalttaten wie die Vergewaltigung nur codiert dargestellt hat, so wird doch ersichtlich, welche Folgen daraus entstehen können. Zudem versucht er vor allem, die erlittene psychische Gewalt, die heutzutage eher in den Hintergrund gerückt ist, in den Vordergrund zu stellen und zu thematisieren, beziehungsweise auf verschiedene Problematiken aufmerksam zu machen.

Literaturverzeichnis

Monographien

Burkhardt, Sven-U. (2005): Vergewaltigung als Verbrechen gegen die Menschlichkeit: Sexualisierte Gewalt, Makrokriminalität und Völkerstrafrecht, Münster: LIT.

Cervantes, Miguel (1980): Novelas ejemplares, Madrid: Espasa-Calpe.

Geier, Andrea (2013): "Literatur", in: Gudehus, Christian / Christ, Michaela (Hrsg.): Gewalt. Ein interdisziplinäres Handbuch, Stuttgart: Metzler, S. 263 – 268.

Gudehus; Christian / Christ, Michaela (2013): "Gewalt – Begriffe und Forschungsprogramme", in: Gudehus, Christian / Christ, Michaela (Hrsg.): Gewalt. Ein interdisziplinäres Handbuch, Stuttgart: Metzler, S. 1 - 15.

Herrmann, Steffen K. (2013): „Beleidigung", in: Gudehus, Christian / Christ, Michaela (Hrsg.): Gewalt. Ein interdisziplinäres Handbuch, Stuttgart: Metzler, S. 110 - 115.

Krauss, Werner (1966): Miguel de Cervantes: Leben und Werk, Neuwied: Luchterhand.

Mühlhäuser, Regina (2013): "Vergewaltigung", in: Gudehus, Christian / Christ, Michaela (Hrsg.): Gewalt. Ein interdisziplinäres Handbuch, Stuttgart: Metzler, S. 164 – 170.

Peinado, Juan Carlos (2003): Miguel de Cervantes Saavedra: Obras completas I, Madrid: Cátedra.

Scheerer, Sebastian (2013): "Mord", in: Gudehus, Christian / Christ, Michaela (Hrsg.): Gewalt. Ein interdisziplinäres Handbuch, Stuttgart: Metzler, S. 141 – 146.

Speitkamp, Winfried (2013): „Gewaltgemeinschaften", in: Gudehus, Christian / Christ, Michaela (Hrsg.): Gewalt. Ein interdisziplinäres Handbuch, Stuttgart: Metzler, S. 184 -190.

Strosetzki, Christoph (1991): Miguel de Cervantes: Epoche – Werk – Wirkung, München: Beck.

Internetquellen

Art Directory (2014): *Miguel de Cervantes Saavedra*, [Online], Verfügbar unter: http://www.migueldecervantessaavedra.de/, Stand: 17.10.2014.

Bundesverband Frauenberatungsstellen und Frauennotrufe (2014): *Psychische Gewalt: Was ist das?*, [Online], Verfügbar unter: https://www.frauen-gegen-gewalt.de/was-ist-psychische-gewalt.html, Stand: 28.10.2014.

Dr. med. Nonnenmacher (2014): *Dissoziale Persönlichkeitsstörung und Psychopathie*, [Online], Verfügbar unter: http://symptomat.de/Dissoziale_Pers%C3%B6nlichkeitsst%C3%B6rung_und_Psychopathie, Stand: 01.11.2014.

Duden (2013a): *Suchbegriff „Gewalt"*, [Online], Verfügbar unter: http://www.duden.de/rechtschreibung/Gewalt, Stand: 25.10.2014.

Duden (2013b): *Suchbegriff „entführen"*, [Online], Verfügbar unter: http://www.duden.de/rechtschreibung/entfuehren, Stand: 31.10.2014.

Duden (2013c): *Suchbegriff „Naturgewalt"*, [Online], Verfügbar unter: http://www.duden.de/rechtschreibung/Naturgewalt, Stand: 25.10.2014.

Duden (2013d): *Suchbegriff „Kadi"*, [Online], Verfügbar unter: http://www.duden.de/rechtschreibung/Kadi, Stand: 26.10.2014.

Duden (2013e): *Suchbegriff „Renegat"*, [Online], Verfügbar unter: http://www.duden.de/rechtschreibung/Renegat, Stand: 26.10.2014.

Duden (2013f): *Suchbegriff „Bestechung"*, [Online], Verfügbar unter: http://www.duden.de/rechtschreibung/Bestechung, Stand: 03.11.2014.

Hoffmann, Sabrina (2014): *Psychische Gewalt: Wenn Worte Leben zerstören*, [Online], Verfügbar unter: http://www.huffingtonpost.de/2014/05/28/psychische-gewalt_n_5402241.html, Stand: 29.10.2014.

La razón de la sinrazón. Wahnsinn und Geistes-
krankheit in Don Quijote

Ulrike Decker, 2001

Einleitung

Was treibt einen alten Mann dazu, von einem Tag zum anderen Haus und Hof zu verlassen, sein Pferd zu satteln und sich als Ritter kostümiert in unbequemer Rüstung unter größten Strapazen auf die Suche nach Abenteuern zu machen? Wer sich durch die mehreren hundert Seiten haarsträubender Geschichten liest, die Cervantes Roman Don Quijote ausmachen, dem stellt sich diese Frage unweigerlich immer wieder von Neuem. Wer ist dieser Ritter von der traurigen Gestalt? Ein Philosoph, gar ein Prophet oder ein einfacher hirnverbrannter Spinner? Ob Prophet oder Spinner, eine gehörige Prise Wahnsinn gehört in jedem Fall dazu, sich auf derlei Abenteuer einzulassen. Und so scheint mir die Frage nach Quijotes Geisteszustand geradezu unerlässlich zum Verständnis eines der bemerkenswertesten Werke der spanischen Literatur, einem der Meilensteine der Weltliteratur.

Bis vor etwa zehn bis zwanzig Jahren beschäftigte sich die Literaturwissenschaft, die reichlich Untersuchungen zu verschiedensten Aspekten des Quijote hervorbrachte, kaum mit dem Thema des Wahnsinns – einem Aspekt, der, wie ich meine, untrennbar mit der Person und Charakterzeichnung des Ritters von der traurigen Gestalt verknüpft ist. Vor allem in den letzten zehn bis fünfzehn Jahren wurden jedoch Untersuchungen veröffentlicht, die Cervantes Roman unter psychoanalytischen Gesichtspunkten beleuchten und so eine weitere Dimension in der Interpretation des Werkes eröffnen.

In der folgenden Arbeit habe ich mich entschieden, den Aspekt des Wahnsinns bei Quijote unter unterschiedlichen Gesichtspunkten zu betrachten. Beginnen möchte ich mit einer Zusammenfassung der veränderten Einstellung zu Geisteskrankheiten vom Mittelalter bis zur Barockzeit, die Aufschluss über den kulturellen Kontext, in dem *Don Quijote* entstand, geben soll und über die epochenspezifische Auffassung von Verrücktheit. Ist Quijote geistesgestört oder bewusst verrückt? – diese Frage steht im Mittelpunkt des nächsten Kapitels. Im Anschluss wird der Geisteszustand Quijotes einer Analyse unter psychologischen bzw. psychopathologischen Aspekten unterzogen, um desweiteren auf seine literarisch-metaphorische Qualität hin untersucht zu werden. Die Verbindung zwischen Verrücktheit und Idealismus soll im fogenden unter die Lupe genommen werden. Sancho Panza als Gegenpol zu Quijote und sein Verhältnis zu Realität und Wahn gehen schließlich einer Analyse des metafiktionalen Charakters des Werkes voraus.

Geschichte des Wahnsinns vom Mittelalter zur Barockzeit

[268]Während des Mittelalters waren Geisteskrankheiten oder psychische Anomalitäten mit großer Angst besetzt. Man setzte sie gleich mit Dämonen- oder Teufelsbesessenheit. Inquisition und Hexenverbrennung taten ihr Übriges, Geisteskrankheiten zu dämonisieren und zu bestrafen. Die Spitäler des Mittelalters hatten meist Betten bzw. käfigartige Abteile, um Tobsüchtige im Zaum zu halten. Medizinische oder gar therapeutische Hilfe war für Menschen mit psychischen Problemen jedoch nicht zu erhalten. Sie wurden in der Regel lediglich dämonisiert bzw. aus dem gesellschaftlichen Leben ausgegrenzt und/oder düsteren Exorzierungsmethoden unterzogen.

Hand in Hand mit der Furcht vor dem Wahnsinn ging in der Zeit der Gotik die Angst vor dem Tod, die in zahlreichen Darstellungen des Totentanzes künstlerischen Ausdruck fand.

Erst die Renaissance entdeckte die Sprache des Wahnsinns und machte sie sich zunutze. Traditionelle Werte und Tabus wurden hinterfragt. Das 16. Jahrhundert erlebte die Umkehrung vieler Werte. Verunsichernde Fragen nach Vernunft und Unvernunft, Diesseits und Jenseits stellten die bisher festgefügte Welt des Mittelalters in Frage. Der Wahnsinn gewann neue Dimensionen und wurde zum Teil als Zustand der Freiheit und Ungehemmtheit erlebt. Geisteskrankheiten wurden menschlicher wahrgenommen und zumindest in Intellektuellenkreisen von der mittelalterlichen Stigmatisierung befreit. Man erkannte im Wahnsinn die einzigartige Kapazität, sich zwischen Wirklichkeit und Einbildung zu bewegen und so Dinge zu sehen und auszusprechen, die vom Standpunkt der Normalität aus unmöglich waren.

Zum Ausdruck der Stimmung dieser Zeit wurden die Narrenfeste veranstaltet, die in vielen Städten Europas zum alljährlichen Vergnügen der Bürger eingeführt wurden. Inspiriert von italienischen Karnevalsbräuchen feierte man einmal jährlich ausgelassen und ließ alle gesellschaftlichen Vorschriften hinter sich. Während einer begrenzten Zeit des Jahres ließ man so die Welt Kopf stehen und brach mit den Werten und Moralvorstellungen des Mittelalters. Auch bildende Kunst und Literatur spielten mit dem Thema des Narrenfestes. Ihm entwuchsen die phantastisch-surrealen Bilder von Hieronymos Bosch und Peter Breughel. Vom Geist seiner Zeit inspiriert schrieb Erasmus von Rotterdam das *Lob der Torheit*.

---

[268] Die Kulturgeschichtlichen Angaben sind Michel Foucaults Analyse *Psychologie und Geisteskrankheit* (Frankfurt a. M.: 1968) entnommen.

Im elisabethanischen und französischen Theater gehörten neben Wahnsinnsszenen auch Träume zu den wichtigsten dramatischen Elementen der Stücke. Insbesondere Shakespeare machte Träume und Wahnsinnsszenen zum zentralen Element vieler seiner Dramen, wie zum Beispiel in *Ein Sommernachtstraum/ Macbeth/ König Lear.*

Gegen Mitte des 17. Jahrhunderts schlug die Stimmung wieder um. Das aufstrebende Bürgertum definierte eine neue Moral, die Moral der Arbeit und Produktivität in Vorbereitung des technischen Zeitalters. Diese neue Moral hatte tiefgreifende Folgen für den Umgang mit Wahnsinn, Geisteskrankheiten und sämtlichen dem Bürgertum unerwünschten Erscheinungen der Gesellschaft. In großen Internierungshäusern wurden sowohl psychisch Kranke als auch Bettler, alte Leute, Libertins und alle, die gegen die Ordnung von Vernunft und Moral verstießen, weggesperrt. Eine von der Norm abweichende geistige (und körperliche) Konstitution wurde als krankhaft bezeichnet und mit Sanktionen belegt. Der Wahnsinn wurde seiner Sprache beraubt.

Erst mit Sigmund Freud beginnt etwa 250 Jahre später ein neuer Versuch, den Dialog zwischen Vernunft und Unvernunft aufzunehmen. Mit der Entwicklung der Psychoanlalyse schuf Freud eine Methode, die die Sprache des Irrationalen ernst nimmt und als Quelle zum Verständnis des menschlichen Geistes benutzt. Den kurz zuvor noch peinlich versteckten okkulten Seiten der menschlichen Psyche verhelfen Freud und seine Schüler und Mitstreiter zu sprachlichem Ausdruck.

Die Entwicklung des *Don Quijote* ist in enger Verbindung mit seiner Entstehungszeit zu sehen. Zu Beginn des 17. Jahrhunderts war das goldene Zeitalter längst begraben. Die Renaissance als Zeit des Aufbruchs wurde allmählich von reaktionären Strömungen abgelöst. Cervantes schrieb das Werk an der Grenze zwischen Renaissance und Barockzeitalter, zwischen der Akzeptanz und der Ausgrenzung des Irrationalen. In der Figur des Don Quijote wiederum spiegelt sich eine andere Zeit des Umbruchs wider – die des Wandels vom Mittelalter zur Renaissance. In einer Epoche, die die Werte und Normen des Mittelalters längst begraben hat, lässt Quijote die Welt der Ritter – wenn auch aus Büchern idealisiert – wieder aufleben und stellt so die rationale Weltsicht der Renaissance einer von magischen Interpretationen der Welt geprägten mittelalterlichen Sicht gegenüber.

Don Quijote – ein Fall für die Psychiatrie?

Ist Don Quijote tatsächlich Opfer einer Geisteskrankheit und seine Eigenarten und Weltverdrehungen deshalb unbewusst oder lebt Quijote seine Verrücktheit bewusst, um der Welt der Vernunft zu trotzen? Diese Frage beschäftigte Gelehrte und Leser seit Entstehung des Buches. Von ihrer Beantwortung hängt die gesamte Interpretation des Romans ab. Cervantes gab keine eindeutige Antwort. Er lässt den Leser im Dunkeln tappen, löst die Ambiguität nicht auf. Ob er selbst für sich zu jedem Zeitpunkt der Entstehung des Quijote eine Antwort im Hinterkopf hatte, ist zu bezweifeln, zumal das Werk sich etappenweise weiterentwickelte und zu Anfang lediglich als kurze Novelle gedacht war.

An Quijotes Verrücktheit scheiden sich die Geister. Eine Fraktion von Wissenschaftlern vertritt beispielsweise die Meinung, dass es sich dabei um einen von der Realität kopierten Wahnsinn handelt, den Quijote bewusst als Spiel betreibt.

Zweifel an Quijotes Geistesgestörtheit kommen vor allem, wenn man liest, wie bewusst sich Alonso Quijano auf seine neue 'Rolle' als fahrender Ritter vorbereitet: er wählt ein Pseudonym, sowohl für sich als auch für seinen Gaul, und legt sich somit gezielt eine neue Identität zu. Man fragt sich, ob er nicht vielleicht seinem tristen Leben als armer Landadeliger entkommen möchte. Und man fragt sich, ob er nicht vielleicht, weil er den Tod im Nacken spürt, noch einmal einen 'adventure trip' unternimmt, um den Abenteurer in sich wiederzuentdecken, der in der drögen Provinz unter Konventionen verborgen war. Um diese These zu unterstreichen, lässt sich ein Zitat aus dem 31. Kapitel des zweiten Teils anfügen, in dem über Quijote gesagt wird: "...y aquel fue el primer dia que de todo en todo conoció y creyó ser caballero andante verdadero y no fantastico"[269]. Und es entsteht der Verdacht, dass Quijote sich selbst bis zu diesem Moment nicht unverbrüchlich sicher war, ein fahrender Ritter zu sein und dass es ihn womöglich einige Anstrengung kostete, an seine selbstgewählte Identität zu glauben.

An anderer Stelle bemerkt Quijote, er habe seit Kindertagen Spaß an allerlei Schabernack und lässt damit den Schluss zu, dass es sich bei seinem Ritterdasein auch um eine Art bewusste Maskerade handelt, die er zu einem Großteil aus purem Vergnügen am Rollenspiel unternimmt.

Gründe genug, um an seiner Verrücktheit festzuhalten hätte Quijote im Übrigen auch ohne an Geisteskrankheit zu leiden. Als offiziell Verrückter genießt er buchstäblich Narrenfreiheit, zahlt keine Zeche und zieht sich in brenzligen Situationen mit fadenscheinigen Argumenten aus der Affäre. Mit dem Stempel des Verrückten bedacht, wird er nicht haftbar für sein Tun gemacht, seine Erklärungen und Ausflüchte werden seiner Verrücktheit zugeschrieben und deshalb, wenn auch nicht ernst genommen, so doch akzeptiert. So schiebt er, als Sancho bei der 'venta'

---

[269] Cervantes, Miguel de, *Don Quijote de la Mancha*, (Madrid: Cátedra, 1998), Bd. II, Kap. 31.

ausgepeitscht wird, plötzlich seine Ritterehre vor, um nicht für seinen Knappen in die Bresche springen zu müssen und selbst Schläge zu kassieren. Als Ritter sei es ihm nur erlaubt, gegen Seinesgleichen Gewalt anzuwenden, nicht gegen Mitglieder des gemeinen Volkes:

> „...que te lo juro por la fe de quien soy, que si pudiera subir o apearme, que yo te hiciera vengado de manera que aqellos [follones] y malandrines se acordaran de la burla para siempre, aunque en ello supiera contravenir a las leyes de la caballería, que, como ya muchas veces te he dicho, no conscienten que caballero ponga mano contra quien no lo sea, si no fuere en defensa de su propia vida y persona, en caso de urgente y gran necesidad."[270]

In anderen Situationen bilden Quijotes Verrücktheit und sein Glaube an Verzauberung eine Art Schutzschild gegen die Boshaftigkeit und Schadenfreude derjenigen, die ihm immer wieder Streiche spielen. Sein Ritterideal lässt ihn das teilweise brutale, erbarmungslose gesellschaftliche Leben 'from the sunny side' sehen und gibt ihm nicht zuletzt die Möglichkeit, ein anderer zu sein und seinem eingefahrenen Leben als verarmter Landadeliger eine neue Richtung zu geben, wie er selbst sagt: "De mi se decir, que despues que soy caballero andante, soy valiente, comedido, liberal, bien criado, generoso, cortes, atrevido, blando, paciente, sufridor de trabajos, de prisiones y de encantos..." [271]

Indem er einen eigenen Regelkodex für sein Leben aufstellt, setzt Quijote die Regeln der Gesellschaft für sich und teilweise auch für die Menschen seiner Umgebung bis zu einem gewissen Punkt außer Kraft. Die Ernsthaftigkeit, mit der er seine Phantasie lebt, eröffnet ihm Freiräume, die er in einer konventionellen Existenz niemals betreten hätte.

Eine andere Gruppe von Literaturwissenschaftlern unterstützt die These von Quijotes tatsächlicher Geistesgestörtheit. Betrachtet man den Text genau, finden sich ebenfalls Indizien, die diese Hypothese unterstützen. So schreibt der Erzähler die Ursache von Quijotes Verrücktheit einem physischen Defekt zu, der durch die Lektüre von Ritterromanen wenn schon nicht ausgelöst, so doch verstärkt wird. Das Hirn ist ihm ausgetrocknet – "de poco dormir y del mucho leer se le secó el

---

[270] Quijote I, S. 226.

[271] Quijote I, S. 50.

cerebro..."[272] – eine typische pseudo-medizinische Erklärung, auf den Säfte-Lehren des Mittelalters beruhend, die zu Cervantes Zeit durchaus in Mode war. Mit der Körpersäftelehre wurden unterschiedliche Gemütszustände erklärt. Jede psychische Verfassung wurde ihnen zufolge auf ein Übermaß oder eine zu kleine Menge einer bestimmten Körperflüssigkeit zurückgeführt. So wird Quijote in Teil I bereits als Melancholiker beschrieben in Verbindung mit einer Schilderung seines mageren, ausgemergelten Körpers.

Eine Theorie, die sich an die Charakterisierung Don Quijotes als Melancholiker anschließt, bietet Michael D. Hasbrouck in seinem Artikel *Posesión demoníaca, locura y exorcismo en el ‚Quijote'*[273]. Hasbrouck stellt die These auf, dass im mittelalterlichen Denken Melancholie oftmals mit Teufelsbesessenheit in Verbindung gebracht wurde. Daraus folgend interpretiert er Quijotes Reisen wie einen allmählichen Exorzierungsprozess, der sein erfolgreiches Ende kurz vor Quijotes Tod nimmt. Als Belege für seine These fügt Hasbrouck dessen Angriffe auf den Geistlichen und die Tatsache, dass Quijote Dulcinea über Gott stellt an, neben einigen sehr freigeistigen Bemerkungen des Ritters. Weitere Indizien für Hasbrouks These: Als Don Quijote und Sancho Barcelona erreichen, werden gerade Johannesfeuer abgebrannt, die auch dem Zwecke der Vertreibung böser Geister dienen. Als Quijote am nächsten Tag beim Tanz ohnmächtig wird und ihn die geladenen Gäste vom Boden aufheben wollen, ruft er ihnen zu: „!Fugite, partes adversae!"[274], eine Formel, die auch bei der Teufelsaustreibung benutzt wird. Bevor er in sein Heimatdorf zurückkehrt, begegnet ihm schließlich eine Schweineherde, die Hasbrouck als Anspielung auf die Episode des Besessenen von Gerasa aus dem Neuen Testament sieht, in der Jesus Christus einen Besessenen heilt, indem er dessen böse Geister in eine Schweineherde fahren lässt. All diese Beispiele scheinen eine mögliche Exorzismus-These zu belegen, auf die ich an dieser Stelle jedoch nicht weiter eingehen werde, da sie für mich nicht zu den wesentlichsten Aspekten von Quijotes Wahnsinn gehört.

---

[272] Quijote I, S. 100.

[273] Hasbrouck, Michael D., Posesión demoníaca, locura y exorcismo en el Quijote, in: *Cervantes*, Vol.12 (1992).

[274] Quijote II, S. 498.

Pathologische Diagnose des Patienten Quijote

In seinem Buch *El principe de la locura – Hacía una sicología del Quijote*[275] nimmt Sergio Pena y Lillo Quijote unter psychopathologischen Gesichtspunkten unter die Lupe. Der Autor betont allerdings, dass Quijote als literarische Figur weit mehr ist, als mit psychologischer Fachterminologie zu erfassen wäre. Es scheint mir jedoch ein verlockendes Experiment zu sein, Quijote nach den Regeln der modernen Psychologie auf den Zahn zu fühlen, weshalb ich im Folgenden eine Zusammenfassung von Pena y Lillos Artikel anfüge.

Anfangsdiagnose:

Quijote ist offensichtlich in Zeit und Raum orientiert. Er weißt keine intellektuellen Defizite auf, gibt im Gegenteil durchaus als klug anzusehende Dinge von sich. Höchstwahrscheinlich ist der Ritter sich seines verrückten Geisteszustandes bis kurz vor seinem Tod nicht bewusst. Er verfolgt eine zwar sehr eigene, aber in sich schlüssige Logik, die auf den Außenstehenden durchaus verständlich wirken kann. Psychische Störungen wie Neurosen, Psychosen, Hysterie und Alzheimer sind auszuschließen.

Nach eingehender Erst-Diagnose kommt Pena y Lillo zu dem Schluss, dass es sich bei Don Quijote nur um einen Fall von Paranoia oder eine Form der Schizophrenie handeln kann. Hauptmerkmal dieser Störungen ist der ständige Wechsel zwischen reflektiertem, vernünftigen und unvernünftigen Verhalten und Denken.

Don Quijotes Handlungen basieren laut Pena y Lillo auf zwei falschen Annahmen: Erstens geht Quijote davon aus, dass das, was die von ihm mit Begeisterung gelesenen Ritterromane beschreiben, tatsächlich passiert ist. Er nimmt die zum großen Teil phantastischen, idealisierten Geschichten, die der Phantasie ihrer Autoren entspringen, für bare Münze.

Zweitens lebt Quijote in der Überzeugung, dass Anfang des 17. Jahrhunderts eine Wiederbelebung des ritterlichen Lebens möglich ist. Ausgehend von diesen Prämissen entwickelt Quijote seine eigene, in sich geschlossene Logik, die innerhalb der Schranken der oben genannten Annahmen durchaus vernünftig ist.

Der Schizophrene isoliert sich von der Welt und ignoriert die Realität. Der Paraphreniker akzeptiert die Realität als solche, richtet sich jedoch in zwei Welten – der illusorischen und der normalen – ein. Der Paranoiker hingegen bietet der

---

[275] Pena y Lillo Lacassie, Sergio, *El principe de la locura – Hacia una sicologia del Quijote* (Santiago de Chile: 1993).

Welt die Stirn, indem er ihr seine eigene imaginären Vorraussetzungen aufdrückt. Weder akzeptiert, noch ignoriert er die Realität. Vielmehr lebt er in einem ständigen Gemisch aus Realem und Erfundenem. Unter allen genannten Krankheitsbildern scheint im Fall Quijotes das des Paranoikers am Besten zuzutreffen. Er hat, außer in der Höhle von Montesinos, keine Visionen, die nicht in der Realität verankert wären, sondern seine Abweichung von der Normalität beruht auf der Uminterpretation von Sinneswahrnehmungen: Das Wirtshaus wird für ihn zum Schloss, die Barbierschale zum Helm, die Windmühlen zu Riesen und alle Niederlagen und Ungereimtheiten werden einem geheimen Zauberer zugeschoben. So bewahrt sich Quijote davor, aus seiner illusorischen Existenz aufzuwachen und die allgemein gültige Logik wieder herzustellen.

Als Quijote etwa im Käfig auf einem Ochsenkarren transportiert wird und Sancho ihn auf seine tatsächliche Situation aufmerksam machen will, entgegnet der Ritter: "Yo sé y tengo para mi que voy encantado, y esto me basta para la seguridad de mi conciencia"[276] – der Glaube an seine persönliche Illusion siegt über alle Hinweise auf die greifbare, wenig angenehme Realität.

Im zweiten Teil des Quijote nimmt dieses unzweifelhafte Festhalten an seiner eigenen Realität immer mehr ab. Das Gerüst der selbst konstruierten Logik wird immer brüchiger, immer häufiger schleichen sich bei Quijote selbst Zweifel über die Verlässlichkeit seiner Wahrnehmung ein. Vor allem in der Episode der Höhle von Montesinos, über deren Wahrheitsgehalt sich Quijote selbst nicht im Klaren ist, gewinnt der Zweifel die Oberhand.

Von extremen Anhängern der psychoanalytischen Lesart wird sogar die Meinung vertreten, im zweiten Teil des Don Quijote werde eine Entwicklung erzählt, die mit der Entwicklung des Patienten im Verlauf einer Psychoanalyse zu vergleichen sei. Die einzelnen Abenteuer, die Quijote bestehen muss, stehen in diesem Fall für Analysesitzungen, in denen der Patient Quijote unter anderem durch Interaktion mit seinem Pendant Sancho Panza und Konfrontation mit traumähnlichen Situationen allmählich an die Erkenntnis seines Wahnsinns herangeführt wird. Der analytische Prozess endet schließlich mit der Heilung des Patienten kurz vor Quijotes Tod. Inwiefern es sich bei Quijotes Todesszene tatsächlich um Erlösung und Heilung handelt, bleibt dahingestellt und wird in den folgenden Kapiteln unter weiteren Gesichtspunkten betrachtet.

---

[276] Quijote I, Kap. 47.

Wahnsinn als Metapher

Was eine Analyse mit psychologisch-wissenschaftlicher Fachterminologie nicht leisten kann, ist, die tiefere Bedeutung von Quijotes Wahnsinn und die Faszination, die er als literarische Figur und menschlicher Archetyp auf den Leser ausübt, zu erfassen. Michel Foucault beklagt in *Psychologie und Geisteskrankheit*[277], dass die moderne Psychiatrie nicht mit der Geisteskrankheit kommuniziert, sondern einen Monolog über sie abhält. Damit geht der Dialog mit dem Geheimnis und die Ausdruckskraft für die dunklen Kräfte der Welt verloren. Diese absurde Trennung macht vergessen, dass beide Seiten – Wahnsinn und Vernunft – untrennbar zum menschlichen Charakter gehören.

Die große Faszination, die von der Figur Quijotes ausgeht, beruht vor allem darauf, dass in Quijotes Ambiguität eine der Grundverfassungen der menschlichen Existenz zum Ausdruck kommt. In ihm werden Konflikte auf die Spitze getrieben, die jeder Mensch mehr oder weniger in sich trägt und immer wieder stellt sich die Frage nach dem Wesen von Verrücktheit und Vernunft. So steht Quijote für das Dilemma des Menschen zwischen Realität und Ideal, innerer und äußerer Wahrheit, Hoffnung und Resignation.

Der Enthusiasmus, mit dem Quijote sich in seine Phantsiewelt stürzt, gleicht dem spielerischen Enthusiasmus von Kindern, die die Welt noch voll von Abenteuern wahrnehmen. Von Erwachsenen wird allerdings erwartet, solche kindlichen Eigenschaften abzulegen und eine scheinbar objektive Sicht der Wirklichkeit als Realität anzuerkennen. Die Fähigkeit zum kindlichen Enthusiasmus ist einer der Grundzüge künstlerischer Produktivität, wie Johann Wolfgang von Goethe mit folgender Bemerkung verdeutlicht: "Das Geheimnis der Kreativität liegt im Überleben des Kindes im Erwachsenen".

Don Quijote kann deshalb auch als Metapher für eine künstlerische Existenz gelesen werden. So wie ein Künstler die eigene innere Logik gegen eine scheinbar objektive Normalität behauptet, hält Quijote an seinen unzeitgemäßen Idealen fest und interpretiert die Welt nach seiner Façon.

Pena y Lillo bezeichnet Quijotes Haltung als Versuch der "Wiederverzauberung der Welt" mit Hilfe der Kraft des Ideals und der Phantasie in einer Epoche zunehmender Säkularisierung.

---

[277] Foucault, Michel, *Psychologie und Geisteskrankheit* (Frankfurt a. M.: 1968).

Betrachtet man die Abenteuer Quijotes genauer, so wird klar, dass seine Aktionen und Reaktionen durchaus nicht so unverständlich und fern der Normalität sind. Wer würde zum Beispiel nicht einem Knecht helfen wollen, der von seinem Herrn verprügelt wird. Was Quijotes Reaktion jedoch eigenartig erscheinen lässt, ist die Naivität, mit der er an das Versprechen des Herrn glaubt. Quijote ist buchstäblich zu gut, zu gutgläubig für diese Welt. Ähnlich Dostojewskis Idioten zweifelt er nicht an den guten und noblen Absichten der Menschen. Und diese Verwundbarkeit ist es, die immer wieder Mitgefühl erzeugt und das Lachen gefrieren lässt.

Auch das Windmühlen-Abenteuer wirkt bei näherer Betrachtung verständlich, wenn man bedenkt, dass Windmühlen zum Beginn des 17. Jahrhunderts eine technische Neuerung darstellten, mit der die wenigsten Leute vertraut waren. Und wirken dic Flügel einer Windmühle nicht manchmal tatsächlich beängstigend und unberechenbar?

Quijotes Wahrnehmung widersetzt sich der normierten, objektiven Wahrnehmung und seine Ideale sind weit entfernt vom Fortschrittsdenken, das zu seiner Zeit bereits an Boden gewann. Quijote passt sich, wie Foucault sagt, dem Diskurs seiner Zeit nicht an, sondern er führt seinen eigenen Diskurs nach eigenen Regeln.

Soviel Eigensinn kann keine Gesellschaft dulden.

Nicht umsonst treten der Pfarrer – verantwortlich für die seelische Gesundheit seiner Schäfchen – und der Barbier – verantwortlich für die physische Gesundheit seiner Patienten – und der Akademiker/Baccalaureus als Repräsentanten der offiziellen Vernunft auf, um Quijote buchstäblich zurück zur Vernunft zu bringen. Paradoxerweise gleichen sie sich aber durch den Kontakt mit Quijote immer mehr seiner Traumwelt an. Fast hat man das Gefühl, dass ihre wohltätige Mission als Vorwand dient, selbst die Grenzen der Konvention zu überschreiten.

Gleiches trifft auf das Fürstenpaar zu, das in Quijote eine Gelegenheit wittert, seinen eigenen Karneval zu organisieren und die Welt der Vernunft hinter sich zu lassen. So zieht Quijotes Wahnsinn Kreise und steckt selbst die an, die sich dagegen immun glauben.

Auf humorvolle Weise repräsentiert Quijote Werte, die der Gesellschaft für die der Roman geschrieben wurde, bereits abhanden gekommen waren. Cervantes setzt ihn in starken Kontrast zu den Rationalität und wissenschaftliches Denken verherrlichenden Strömungen der Renaissance. In seinem Band *Myths of modern individualism* zitiert Ian Watt in diesem Zusammenhang Miguel de Unamuno, der die Essenz des Quijote für sich in einem Satz zusammenfasst: „Quixotism is simply the most desperate phase in the struggle betrween the Middle Ages and the Renaissance."[278]

Als metaphorische Figur steht Quijote für jeden Menschen, der sich auf die Suche nach einem sinnvollen Leben und bleibenden Werten macht, ohne sich mit den simplen Gegebenheiten seiner Zeit abzufinden und der dadurch seine eigene Umgebung, zu wesentlichen Wurzeln, die auch in unserer heutigen Zeit ihre Bedeutung nicht verloren haben, zurückführt, wie Ian Watt erkennt:

> "In the present degenerate state of the world we need all the admirable values of the past: those of pastoral and the golden age, those of the Christian knights of romance and the Greek and Roman heroes who were often equated with them in medieval and Renaissance thought; and we therefore need people – knightserrant – who will attempt to make those values live again in a world that lacks all their virtues." [279]

Wahnsinn und Idealismus

In seinem Aufsatz *Don Quijote y Cristóbal Colón o la sinrazón de la realidad* [280]vergleicht Jorge Aladro die historische Persönlichkeit Christoph Kolumbus mit der fiktiven Figur Don Quijote de la Mancha und stößt dabei auf einige interessante Parallelen. Zur klassifizierung des Wahnsinns, der das Tun beider Charaktere prägt, beruft sich Aladro auf Platon, der zwei unterschiedliche Arten von Wahnsinn unterscheidet: eine durch menschliche Schwäche hervorgerufene Variante und eine Variante, die die göttliche Befreiung von den gewöhnlichen Koordinaten der menschlichen Existenz zum Ziel hat. Die letztere Art sei eine Art von Wahnsinn, die zu jeder großen Entdeckung gehört. Sie entspringt dem Gefühl – das nach Aladro sowohl Quijote als auch Kolumbus als Basis ihres Tuns dient – zu einer großen Mission auserwählt zu sein. Beide Charaktere sind geprägt von einem idealistischen Ziel, das ihrer eigenen Existenz übergeordnet ist und das sie durch die Kraft ihres Glaubens gegen alle Widrigkeiten und alles Unverständnis verteidigen.

---

[278] Zitat Miguel de Unamuno, in: Watt, Ian, Myths of modern individualism (Cambridge: University Press, 1996), S. 66.

[279] Watt, Ian, Myths of modern individualism (Cambridge: University Press, 1996), S. 67.

[280] Aladro, Jorge, Don Quijote y Cristóbal Colón o la sinrazón de la realidad, in: Juana Iglesias (Hrsg.), Lienzo (Universidad de Lima: Juni 1994), No. 15.

Beider Glaube entspringt einer gemeinsamen Quelle: der Lektüre. Während Christoph Kolumbus durch Lektüre zahlreicher Werke über Navegation zu dem Schluss kam, es müsse einen Seeweg nach Indien geben, den er zu entdecken aufgerufen sei, setzt sich Don Quijote die Ideale fahrender Ritter durch Lektüre von Ritterromanen zum Vorbild. Quijote hält die zur Unterhaltung der Leser geschriebenen Abenteuergeschichten für wahr und kommt so zum dem Schluss, dass er selbst fahrender Ritter werden muss. Um diesem Ruf auf Dauer folgen zu können, muss er alles, was sich seinem Vorhaben entgegenstellt, umformen und seinem Ziel unterordnen.[281] Wie ein Kind, dem es gelingt, die eigene Welt durch Phantasien zu bewahren, schützt sich Quijote durch seine eigensinnige Weltsicht vor Ernüchterung und Entmutigung, den Symptomen vieler Erwachsener, die die Kinheit gänzlich hinter sich gelassen haben. Quijote setzt sein Bild der Realität der allgemein als Normalität anerkannten Wahrnehmung von Wirklichkeit entgegen und weigert sich, sein Leben an allgemein als vernünftig betrachtete Regeln anzupassen. Diese Art von Weigerung, von Kampf gegen die Normalität beschreibt Ortega y Gasset in seiner Reflexion *Meditaciones del Quijote* auf eindringliche Weise:

> "...es un hecho que existen hombres decididos a no contentarse con la realidad. Aspiran los tales a que las cosas lleven un curso distinto: se niegan a repetir los gestos que la costumbre, la tradición, en resumen, los instintos biológicos les fuerzan a hacer. Estos hombres llamamos héroes. Porque ser héroe consiste en ser uno, uno mismo. (...) Cuando el héroe quiere, no son los antepasados en él o los usos del presente quienes quieren, sino él mismo. Y este querer él ser él mismo es la heroicidad (...) Su vida es una perpetua resistencia a lo habitual y consueto (...) Una vida así es un perenne dolor, un constante desgarrarse de aquella parte de sí mismo rendida al hábito, prisionera de la materia."*[282]*

Don Quijote in einer Reihe mit den großen Abenteurern, den Entdeckern und Erfindern, den Pionieren der Weltgeschichte?

Mindestens zwei Elemente sind ihnen allen gemein: Die Hartnäckigkeit mit der sie ihr Ziel verfolgen, das sie oftmals an den Rande der Gesellschaft katapultiert

---

[281] Aladro, Jorge, <u>Don Quijote y Cristóbal Colón o la sinrazón de la realidad,</u> in: Juana Iglesias (Hrsg.), *Lienzo* (Universidad de Lima: Juni 1994), No. 15, S. 41.

[282] Ortega y Gasset, José, *Meditaciones del Quijote* (Madrid: Revista de Occidente, 1970), S. 132.

und mit Unverständnis von ihrer Umwelt aufgenommen wird und den festen Glauben, der dieses Beharrungsvermögen erst ermöglicht. Dieser Glauben bedeutet größtmögliche Freiheit, denn er geht einher mit der Emanzipation von jeder Art natürlichen Gesetzes, wie Jorge Alardo in seinem Vergleich zwischen Don Quijote und Christoph Kolumbus feststellt.[283]

An anderer Stelle vergleicht er den Glauben des idealistischen Helden mit dem neutestamentarischen Bild des über die Wellen des See Genezareths gehenden Petrus. Solange der Jünger Jesu an seinem Glauben festhält, tragen ihn die Wellen, sobald sich dieser jedoch in Zweifeln verliert, teilt sich das Wasser unter ihm und er sinkt in die Tiefe.

Und hier kommt meiner Meinung nach, auch Quijotes Tod zum Tragen. Die Bekehrung des Ritters von der traurigen Gestalt ist, wie ich denke, nicht als Bekehrung im positiven Sinne zu sehen. Sicherlich, Quijote sieht sich am Ende mit ‚vernünftigen' Augen, doch weckt diese neu gewonnene Vernunft keinesfalls Erleichterung. Vielmehr kehrt Trauer ein, sobald Quijote das widerfuhr, um dessen Abwendung der Leser von Episode zu Episode gebangt hat. Mit Quijotes Rückkehr zu alltäglicher Vernunft wirkt auch die gesamte Welt um ihn ihres Zaubers beraubt. Statt Erleichterung kehrt Ernüchterung ein. So mag Quijote zwar erkannt haben, dass die Ritterromane, nach deren Vorbild er sein Leben als fahrender Ritter entwarf, nicht für bare Münze genommen werden sollten, gleichzeitig verliert er jedoch mit dieser Erkenntnis auch seinen unverbrüchlichen Glauben an den Sinn seiner Mission und die Freiheit, die er sich durch seine Interpretation der Welt schuf. Aller lebenswerten Dinge, die seiner Existenz Sinn verliehen beraubt, bleibt ihm nichts anderes, als der Welt, in der er nichts mehr zu suchen hat, Gute Nacht zu sagen.

Quijote, Sancho und der Rest der Welt

Bei seinem ersten Ausritt scheint Don Quijote noch karrikaturhafter und psychologisch weniger subtil gezeichnet. Das ursprüngliche Vorhaben, aus dem Thema des Ritters von der traurigen Gestalt lediglich eine kurze Novelle zu machen, wird nachvollziehbar, betrachtet man die Entwicklung, die die Gestalt des Quijote vom ersten Ausritt bis zum Ende des zweiten Teils mitmacht. Vor allem durch die Einführung seines Knappen Sancho Panza gewinnt Quijote spürbar an Substanz.

---

[283] Aladro, S. 52.

Sancho fungiert genaugenommen als eine Art Spiegelbild auf allen Ebenen, angefangen bei der äußeren Erscheinung der beiden.

> "Psychologically Quixote and Sancho stand for the polarities of spirit and flesh, brain and belly, heaven and earth, dream and reality, past and present, literature and life; in the social domain there is the dichotomy of the knight and the peasant, the proclaimed hero and the professed coward, the introvert and the extrovert, the solitary and the gragarious, the bachelor and the husband."[284]

Doch ist Sanchos Geisteszustand nicht simpel mit ‚vernünftig‘ im Gegensatz zu Quijotes Verrücktheit zu definieren. Auch würde man beiden Figuren nicht gerecht werden, sähe man sie lediglich als Spiegelungen des jeweils anderen, obwohl sich nicht leugnen lässt, dass das Paar Quijote – Sancho auf weiten Strecken so angelegt ist.

Vor allem zum Anfang ihrer gemeinsamen Reisen wirkt Sanchos bodenständige Art und sein Urteil nach gutem Menschenverstand gegensätzlich zu Quijotes der Realität entrückten Ideen. Sieht man genauer hin spielt Sancho Quijotes Spiel jedoch von Anfang an mit und ist keinesfalls immun gegen die Hirngespinste seines Herrn. So hält er dessen Versprechen, ihm eine Insel zu schenken für bare Münze. Sanchos Bauernschläue, die aus einer Sammlung volkstümlicher Sprichwörter besteht und seine naive Gutgläubigkeit wirken wie die Kehrseite von Quijotes gelehrter Verrücktheit. Beide sind sozusagen zwei Seiten derselben Medallie, wie Ian Watt treffender feststellt: "The wisdom of Sancho's folly is the perfect complement to the folly of Quixote's wisdom."[285]

So vereinen beide Verrücktheit und Vernunft in sich: Don Quijotes Verrücktheit bezieht sich lediglich auf seine Obsession mit Ritterromanen, während er sich in Dingen des Alltags und vor allem in seinen Diskursen als durchaus scharfsinnig und vernünftig erweist.

Sanchos Vernunft dagegen bezieht sich auf seine bodenständige von allgemeinen Wahrheiten genährte Sicht der Welt. Seine naive Treue und Gutgläubigkeit und sein 'bescheidener' Größenwahnsinn lassen ihn jedoch ebenfalls verrückt erscheinen. Die Gräfin geht sogar so weit, Sanchos Verrücktheit über die Don Quijotes zu stellen:

---

[284] Watt, S. 74.

[285] Watt, S. 77

Im Verlauf seiner Reisen mit Don Quijote lässt sich Sancho Panza immer mehr von den Ideen seines Herren anstecken. Während er zu Anfang immer wieder versucht, Quijote auf den Boden der Tatsachen zurückzubringen, spielt er im Laufe der Zeit das Spiel immer mehr mit und lässt sich schließlich selbst zum Statthalter einer inexistenten Insel ausrufen.

Quijote übt mit seinen Ideen offensichtlich eine suggestive Macht über seine Umwelt aus. Ähnlich wie Sancho geht es auch der restlichen Umwelt Quijotes, die sich zum großen Teil auf seine Interpretation der Welt – wenn auch mit Schmunzeln und Kopfschütteln – einlässt und sein Spiel mitspielt.

Quijotes Verrücktheit ist ansteckend. Ein einfacher Wirt, lässt sich dazu überreden, Quijote feierlich zum Ritter zu schlagen, ein Priester schmiedet Pläne für ein Verwirrspiel und macht einen Baccalaureus zum geheimnisvollen Herausforderer, ein adeliges Paar lässt sich herab, Don Quijote mit allen Würden zu empfangen... allen scheint ein kleiner Schritt aus dem Alltag gut zu tun, ja sie steigern sich sogar mit zum Teil großer Anstrengung in das Verkleidungsspiel, das ihnen der verrückte Ritter ermöglicht. Solange er der Urheber ist und der Stempel der Verrücktheit nur auf ihm prangt, lässt es sich herrlich scherzen, ohne die eigene, wohlgehütete Seriosität zu verlieren.

Vor allem im zweiten Teil des Romans liegt selbst die Sympatie des Autors, der sich ansonsten reichlich bedeckt verhält und sich an einigen Stellen über Quijotes Obsession mit Ritterromanen mockiert, beim Ritter von der traurigen Gestalt. Während der Autor mit der Schilderung des Streiches, den Graf und Gräfin Don Quijote spielen, Mitleid für das Opfer ihres Amüsements erregt, stellt er nicht Quijote, sondern das edle Paar selbst bloß, das nichts anderes zu tun hat, als sich auf Kosten anderer zu vergnügen.

Wahnsinn und Fiktion

Eine der Absichten, die Cervantes ganz offensichtlich mit Don Quijote verfolgte, war es sicherlich, eine Parodie auf die zu seiner Zeit äußerst beliebten Ritterromane zu schreiben. In einer Zeit, in der längst keine fahrenden Ritter mehr in den

---

[286] Quijote II, S. 280.

Wäldern unterwegs waren, in der Feuerwaffen und bezahlte Soldaten den Beruf des Ritters überflüssig gemacht hatten, dienten die Geschichten von Abenteuern und heldenhaften Kämpfen der Unterhaltung eines gebildeten Publikums.

Sogar Ignatius von Loyola und die heilige Teresa von Avila erinnerten sich daran, dass die Lektüre des *Amadís de Gaula* großen Eindruck auf sie in jungen Jahren gemacht hatte. Es war unter anderem die Lektüre von Ritterromanen, die beide ihren eigenen Aussagen nach, dazu angespornt hatte, über die engen Schranken des Selbst und der profanen Welt hinauszuwachsen.[287]

In solch guter Gesellschaft ist es Quijote schließlich nicht zu verdenken, sich ebenfalls von den Abenteuern edler Ritter inspirieren zu lassen. Die Komik des Romans beruht schließlich auf der dramatischen Behandlung einer komischen psychologischen Idee. Cervantes zeigt im Quijote auf überaus humorvolle Weise, was dabei herauskommt, wenn ein ergebener Leser von Ritterromanen die fiktive Welt mit der realen Welt verwechselt und mit allen Mitteln versucht, sein erträumtes Ideal gegen die brutalen Enttäuschungen des Alltags zu verteidigen.

Quijote, der sich in zahlreichen Situationen als durchaus vernünftiger und zudem überaus intellegenter Mensch erweist, wird von der Lektüre der Ritterromane so infiziert, dass er Realität und Phantasiewelt nicht mehr unterscheiden kann. Vom unerschütterbaren Glauben an seine große Mission als fahrender Ritter lässt Quijote sich nicht abbringen und verfolgt sein gewähltes Leben mit höchster Disziplin.

In seinem Artikel *Don Quijote y Cristóbal Colón o la sinrazón de la realidad* zieht Jorge Aladro Parallelen zwischen Quijotes und Christopher Kolumbus' Literaturobsession:

> „Quijote y Colon comparten la misma demencia, la demencia de la lectura. Tanto el hidalgo como el navegante no ven la realidad, la leen. Miran la vida con los ojos de la literatura y tratarán de vivir o ver según los modelos literarios; el hidalgo y el navegante leen el mundo para demostrar la verdad de los libros... realidad y lectura se interfieren y se les confunden constantemente en la imaginación, hasta el extremo de no poder diferenciar una de otra..."[288]

---

[287] Watt, Ian, *Myths of modern individualism* (Cambridge: University Press, 1996), S. 61.

[288] Aladro, S. 45.

Kolumbus und Quijote werden nicht von ihren Sinnen innegeführt. Sie sehen die Wirklichkeit, passen sie jedoch dem Gelesenen an. Ihnen dient alles Wahrgenommene lediglich zur Untermauerung der aus literarischen Modellen entwickelten eigenen Thesen. So bleibt Quijote der Weltsicht seiner Ritterromane treu, die die Basis seiner Mission bilden. Ohne den Glauben an ihre Wahrhaftigkeit, wäre keiner seiner Ausritte möglich.

Der Glaube ermöglicht Don Quijote schließlich auch, sein Leben grundlegend zu verändern. Mit seiner Hilfe entwirft er sich neu, bis hin zum neuen Namen und erfüllt somit eine der grundlegendsten Notwendigkeiten, die menschliches Leben nach Ortega y Gasset ausmachen – das Verlangen nach der Erfindung des eigenen Lebens, der eigenen Person und der Welt, die uns umgibt: „Se olvida demasiado que el hombre es imposible sin imaginación, sin inventarse una figura de vida, de idear el personaje que va a ser. El hombre es novelista de sí mismo, original o plagiario"[289]

Quijote steht schließlich zu seiner eigenen Kreation der Welt, wenn er Sancho gegenüber im Bezug auf Dulcinea zugibt: "píntola en mi imaginación como la deseo"[290] und sich dabei auf die Autoren der Ritterromane beruft, die nicht die Wirklichkeit beschrieben, wie sie ist, sondern wie sie sein sollte. An anderer Stelle stellt er die Ritterschaft auf eine Stufe mit der Poesie, den Ritter auf eine Stufe mit dem Dichter, wenn er, von Lorenzo gefragt, welche Wissenschaft er denn studiert habe, antwortet: "La de la caballería andante (...) que es tan buena como la poesía y aun dos deditos más." [291]

Die Frage nach dem Realitätsbezug fiktionaler Literatur behandelt Quijote in seinem Diskurs über den Ritterroman, den er mit dem Domherren führt. Während der Kleriker jede Art von Fiktion – außer der Bibel – verwirft und wegen ihres mangelnden Realitätsbezugs verdammt, versucht Don Quijote ihn überaus beredtsam von seinem Fehlurteil zu überzeugen. Für Quijote ist eine überzeugende Erzählweise bereits Bürge für den Wahrheitsgehalt des Erzählten. Selbst die unglaublichsten Begebenheiten lassen sich plausibel erzählen, wenn sie nur genügend in Attributen der wahrnehmbaren Wirklichkeit verankert sind. Im Übrigen misst Quijote den Wert und die Glaubwürdigkeit der Bücher an der Mischung von Vergnügen und Verwunderung, die sie bereiten.

---

[289] Ortega y Gasset, José, *La historia como sistema* (Madrid: 1941), S. 68.

[290] Quijote I, Kap. 25.

[291] Quijote II, S. 158.

Für den Domherren dagegen ist alles, was nicht unmittelbar in der Realität verankert ist, Lüge. Den Inhalt der Biographien großer Männer, deren Lektüre er Quijote empfielt und die faktische Nachprüfbarkeit der Geschichten der Bibel, stellt er jedoch ironischerweise nicht in Frage.[292]

Mit der Frage nach den Grenzen des Glaubhaften, trifft Cervantes einen Kernpunkt seines Werkes. Wie bereits in den *Novelas ejemplares* dreht sich auch im *Don Quijote* alles um den schmalen Grat zwischen verosimilitud und admiratio, zwischen Glaubhaftigkeit und Erstaunen, Realität und Fiktion. Auf der grundlegendsten der vielen Ebenen, die sich in *Don Quijote* ausmachen lassen, geht es dem Autor darum, die Grenzen der Fiktion auszuloten, wie Xon de Ros in ihrer profunden Analyse metafiktionaler Bezüge in der spanischen Literatur erkennt: "In Cervantes, the goal of narrative is the investigation of the novel".[293]

Cervantes balanciert mit *Quijote* den schmalen Grat zwischen Wahrscheinlichkeit und Unwahrscheinlichkeit. Er drängt dem Leser buchstäblich die Frage auf: Wo beginnt Verrücktheit, wo hört Vernunft auf? Und er hinterfragt die Fiktion, den Roman als fiktives Werk und experimentiert mit den Grenzen des Erzählbaren und Glaubhaften. Was ist Wirklichkeit und wo beginnt Fiktion? Wie weit kann man die Grenzen der Plausibilität dehnen?

In seinem Experiment mit den Koordinaten des Romans, Realität, Fiktion und Autorschaft macht er schließlich Quijote und Sancho innerhalb des Werkes zu mythischen Figuren:

> „The relationship between fiction and history has been given a new twist. The romances had turned quasi-historical persons into fictitious characters; Cervantes has turned his fictional characters into authentic historical celebrities."[294]

So wird Quijote, passionierter Leser von Ritterabenteuern selbst zum Protagonisten eines Werkes jenes vom Autor/Übersetzer so verdammten Genre der Ritterromane.

---

[292] Quijote I, Kap. 49/50.

[293] de Ros, Maria A., Modes of the Theatrum Mundi: A Comparative Approach to Reflexivity in Spanisch Film and Literature (Oxford: Oxford University/PhD-Thesis, 1995), p. 45.

[294] Watt, S. 69.

La razón de la sinrazón

Ich bin mir bewusst, dass diese Arbeit nur einen kleinen Teil der möglichen Interpretationsansätze aufgreift, zu denen Cervantes Werk anregen könnte. Doch wird bereits in einer so eingegrenzten Analyse wie der vorliegenden eines klar: Die Figur des Don Quijote kann in ihrer Vielschichtigkeit – wenn überhaupt – nur von immer wieder wechselnden Standpunkten aus wahrgenommen werden und birgt nach allen Interpretationen immer noch ein letztlich nicht gänzlich auflösbares Geheimnis.

So lässt sich auch nach eingehender psychologischer Analyse das Rätsel um den Geisteszustand des selbsternannten Ritters nicht lösen. Und wir können nur vermuten, was Quijote zur Entscheidung trieb, sein Leben als fahrender Ritter zu verbringen. Cervantes gibt dem Leser größtmögliche Entscheidungsfreiheit. Er überlässt der Phantasie des Lesers die Wahl, ob er Quijote für geisteskrank oder bewusst verrückt halten möchte. Und es scheint ihm Spaß zu machen mit der Wahrnehmung seines Publikums zu spielen, Hinweise in der einen sowie der anderen Richtung zu geben, hier ein Indiz für die Krankheit des Ritters von der traurigen Gestalt, hier eines für seine bewusste Entscheidung zur Verrücktheit. Sicher war er sich womöglich selbst nicht, was es mit Quijotes Verrücktheit auf sich hat.

Ob bewusst oder krankhaft verrückt, gehört Quijote zu den Figuren der Weltliteratur, die die Kondition des Menschen und das Dilemma menschlichen Lebens auf humorvollste und zugleich tiefgründigste Weise wiederspiegeln und die Köpfe und Herzen von Literaten, Philosophen und einfachen Lesern über Jahrhunderte beschäftigen, ohne an Interesse und Unterhaltungswert zu verliert. Und wie jedes bemerkenswerte literarische Werk, lässt auch Cervante den Leser mit mehr Fragen zurück, als er sie zu Beginn seiner Lesereise hatte:

Inwieweit ist es möglich, seine eigene Welt unbeschadet durch die Realität zu retten? Wieviel Fiktion ist notwendig, um das Leben zu 'überstehen'? Welchen Wert hat eine Definition von Normalität, wenn sie jederzeit von einer anderen abgelöst werden kann? Können wir nur erkennen, wovon wir uns bereits ein Bild gemacht haben oder kommt die Interpretation der Realität etwa vor der Wahrnehmung ihrer Phänomene?

> "As in romance, we start with a noble hero who goes out to face a world that is apparently neatly divided into good and evil. But very soon the question of what is good or bad, or real or unreal, in that world, and in Don Quixote's perception of it, makes everything seem

<blockquote>problematic. The contradictions and mysteries and riddles that are resolved in romance remain largely unresolved in Don Quixote, and they remain unresolved because they deal in a new way with problems that have always puzzled mankind, and that continue to puzzle the thought – and the fiction – of the modern world."[295]</blockquote>

Cervantes wirft Fragen über Fragen auf. Er hinterfragt die festgefügten Regeln der gesellschaftlichen Normalität seiner Zeit und jeder Zeit, lässt scheinbar festgefügte Begriffe von gut und böse, verrückt und vernünftig, wirklich und unwirklich zu Staub zerfallen. Hinter allem aber stellt er das Prinzip der Wahrnehmung und der Fiktion an sich in Frage und erschüttert somit die Grundfesten literarischen Schaffens.

---

[295] Watt, S. 62.

Literaturverzeichnis

Aladro, Jorge, Don Quijote y Cristóbal Colón o la sinrazón de la realidad, in: Juana Iglesias (Hrsg.), *Lienzo* (Universidad de Lima: Juni 1994), No. 15.

Allen, John J., Don Quijote: Hero or Fool? A Study in Narrative Technique, in der Reihe: *University of Florida Monographs, Humanities*, No. 29/46 (Gainesville: 1969/1979).

Cervantes, Miguel de, *Don Quijote de la Mancha*, Bd. I + II (Madrid: Cátedra, 1998).

Cervantes, Miguel de, *Don Quijote*, Übersetzung: Ludwig Braunfels (München: dtv, 1979)

Ferreras, Juan Ignacio, *La estructura paródica del Quijote* (Madrid: Taurus, 1982).

Foucault, Michel, *Die Ordnung des Diskurses* (Frankfurt a. M.: 1991).

Foucault, Michel, *Psychologie und Geisteskrankheit* (Frankfurt a. M.: 1968).

Gerl, Hanna-Barbara, *Einführung in die Philosophie der Renaissance* (Darmstadt: 1989).

González Echevarría, Roberto, Don Quijote: visión y mirada, in: Randolph D. Pope (Hrsg.), *Revista de Estudios Hispánicos* (Washington University: Mai 1998), Tomo XXXII, Nr. 2.

Hasbrouck, Michael D., Posesión demoníaca, locura y exorcismo en el Quijote, in: *Cervantes*, Vol.12 (1992).

Ortega y Gasset, José, *La historia como sistema* (Madrid: 1941).

ebd., *Meditaciones del Quijote* (Madrid: Revista de Occidente, 1970).

Parada, Arturo, *Offene literarische Welten gegen geschlossene Denkmodelle und Sozialsysteme* (Frankfurt/Main: 1997).

Pena y Lillo Lacassie, Sergio, *El príncipe de la locura – Hacia una sicología del Quijote* (Santiago de Chile: 1993).

Watt, Ian, *Myths of modern individualism* (Cambridge: University Press, 1996).

Einzelbände

Karina Schwach: Märchenhaftes Erzählschema und ideales Frauenbild in Cervantes Novellen.

978-3-638-92042-1

Julien Lietart: Liebe und Sexualität bei Cervantes und María de Zayas.

978-3-656-51376-6

Franziska Janke: Gewaltdarstellung in Miguel de Cervantes *Novelas ejemplares*.

978-3-656-87831-5

Ulrike Decker: La razón de la sinrazón - Wahnsinn und Geisteskrankheit in *Don Quijote*.

978-3-638-86701-6